DIOS, LA CIENCIA
Y LA BIBLIA

DIOS, LA CIENCIA Y LA BIBLIA

*La ciencia genuina confirma
el asombroso mensaje de la Biblia*

ARNOLD V PAGE

 Books for Life Today, High Wycombe

BOOKS FOR LIFE TODAY
86a Totteridge Lane, High Wycombe, HP13 7PN, Inglaterra.
Email: sales@booksforlife.today. Sitio web: booksforlife.today.

© Arnold V Page 2021

El derecho de Arnold V Page a ser identificado como el autor de este trabajo ha sido afirmado por él en el Reino Unido de acuerdo con The Copyright, Designs and Patents Act 1988.

Salvo lo dispuesto por The Copyright Act 1956, The Copyright, Designs and Patents Act 1988, y el Copyright and Related Rights Regulations 2003, ninguna parte de esta publicación puede ser reproducida, almacenada en un sistema de recuperación o transmitida de ninguna forma ni por ningún medio sin el permiso previo por escrito del propietario del copyright.

British Library Cataloguing-in-Publication Data
Un registro de catálogo está disponible en la Biblioteca Británica.

ISBN: 978-1-91612-138-6 (en rústica)
ISBN: 978-1-91612-133-1 (epub)
ASIN: B097WPTXHQ (mobi)

AVISOS DE COPYRIGHT

Figuras del 1 al 4: © Arnold V Page, 2021.

Las escrituras marcadas «RV» están tomadas de la traducción de la Santa Bíblica, Versión Reina-Valera 1960, © 1960 por Sociedades Bíblicas en América Latina. © renovado 1988 por Sociedades Bíblicas Unidas. Usada con permiso. Reina-Valera 1960® es una marca registrada de la American Bible Society y puede ser usada solamente bajo licencia.

Las escrituras marcadas «BD» están tomadas de la parafrasis *La Biblia al Día*, © 1979 por Living Bibles International.

Las escrituras restantes están tomadas de la traducción Dios Habla Hoy®, tercera edición © Sociedades Bíblicas Unidas, 1966, 1970, 1979, 1983, 1996. Usada con permiso.

Prefacio

Lo que de Dios se puede conocer, ellos lo conocen muy bien, porque él mismo se lo ha mostrado; pues lo invisible de Dios se puede llegar a conocer, si se reflexiona en lo que él ha hecho.
Romanos 1.19,20

La gente solía decir que solo tienes que mirar a tu alrededor para saber que Dios existe. Ellos habrían dicho que solo alguien mucho más poderoso que nosotros podría haber creado todo, por lo tanto tiene que haber un Dios. Pero luego nos dijeron que la vida tal como la conocemos evolucionó poco a poco de algo mucho más simple sin la ayuda de Dios, y que incluso el universo físico evolucionó a partir de una explosión inexplicable de materia y energía concentradas sin la ayuda de ninguna mano guía. Entonces, ahora una cuarta parte de la población del Reino Unido ya no cree en la existencia de Dios, y muchos más no saben qué creer.

¿Importa si la gente ya no cree en Dios? Pues, puede que no te importe a ti si has sobrevivido al aborto, el abandono, la intimidación, el abuso, el robo, el asalto, la violación, la infidelidad conyugal, las estafas, la esclavitud, el terrorismo, el apuñalamiento y el asesinato de una población que ya no cree en el Dios de la Biblia y por eso no tiene respeto por sus mandamientos. De hecho, no creer en Dios podría no importar en absoluto si no hubiera nada más allá de esta vida mortal. San Pablo escribió, «*Si nuestra esperanza en Cristo solamente está referida a esta vida, somos los más desdichados de todos*» (1 Corintios 15.19).

Pero ¿qué pasa si hay algo más que la vida tal como la conocemos? ¿Qué pasa si esta vida es solo una preparación para una vida verdadera, una vida que superará ésta a medida que tu vida mortal actual supere el breve tiempo oscuro que pasaste en el vientre de tu madre? ¿Y qué pasa si esta vida verdadera por venir es solo para personas que creen en Dios, o al menos para las personas que creerían en él si supieran de él? En ese caso, creer en Dios sería una cuestión de vida o muerte.

Mientras escribo este prefacio, el premio mayor de la lotería EuroMillions es de 167 millones de libras o USD 205 millones. Acabo de comprar un boleto para ello. Nunca he comprado uno antes y probablemente nunca volveré a comprar otro. Pero supongamos que fuera un boleto de papel y yo lo tiré, decidiendo que probablemente no valía nada. Si realmente tuviera los números ganadores en él, ¡ese sería el peor error que habría cometido en toda mi vida!

Dios nos ha dicho a través de su hijo Jesucristo que se ofrece algo mucho mejor que incluso el premio mayor de EuroMillions, y es gratis, porque Jesús lo pagó con su vida. «*El pago que da el pecado es la muerte, pero el don de Dios es vida eterna en unión con Cristo Jesús, nuestro Señor*» (Romanos 6.23). Dios nos ofrece a ti y a mí el premio de la vida interminable en una tierra recreada que ya no se echa a perder por el pecado, el decaimiento y la muerte. Pero Jesús dijo que es, de hecho, solo para aquellos que creen en Dios. «*Les aseguro que quien presta atención a lo que yo digo y cree en él que me envió, tiene vida eterna; y no será condenado, pues ya ha pasado de la muerte a la vida*» (Juan 5.24).

Entonces, si lo que la Biblia dice es verdad, creer en Dios y en lo que él dice *es* importante. Importa más que cualquier cosa que puedas imaginar. Entonces, sea lo que sea que creas ahora, ven conmigo en un viaje por el resto de este libro. Descubramos juntos por qué la ciencia genuina - basada en leyes y pruebas científicas en lugar de meras especulaciones - confirma la existencia de Dios y la verdad de lo que la Biblia nos dice acerca de él. Descubramos lo que la Biblia realmente explica sobre el asombroso propósito de Dios al crearnos, y aprovechemos esto para nosotros mismos. Por favor, no termina tu existencia rechinando los dientes cuando se anuncien los resultados en el día del juicio y tú descubras que botaste su boleto demasiado pronto.

Arnold V Page, High Wycombe, 2021

Agradecimientos

Mi más sinceros agradecimientos a John Andrew, Roger Ball, Jerry Wright y a otros por dar libremente su tiempo y experiencia para corregir y mejorar significativamente lo que escribí originalmente, a Roxana Acosta Sosa de TrueLancer.com por cumplir la enorme tarea de traducir todo en español, y al personal de www.correctores.es por su excelente trabajo de corrección ortotipográfica y de estilo.

Dedicatoria

Quiero dedicar este libro a mi querida esposa Ann, quien dejó este mundo poco después de que el libro fue terminado. Ella tenía total fe en que Dios quería que yo lo escribiera, y ella voluntariamente me permitió todo el tiempo que necesitaba para hacerlo. Sus oraciones y aliento me mantuvieron hasta el final, así que si tú o alguien más confía en Dios para la vida eterna como resultado de leer a *Dios, la Ciencia y la Biblia*, se deberá tanto a Ann como a mí.

Dios, la Ciencia y la Biblia

Contenido

Prefacio	vii
Agradecimientos	ix
Dedicatoria	ix
Introducción	xiii
1. ¿Hay un Dios?	19
2. La Evidencia del Diseño	27
3. La Evidencia de la Resurrección	55
4. La Evidencia de la Experiencia	73
5. Seis Mil Años y Seis Días	83
6. El Diluvio Universal	99
7. El Registro Fósil	109
8. Las Edades de las Rocas y los Árboles	123
9. La Biblia como la Palabra de Dios	135
10. Las Mejoras Buenas Noticias	151
Plan de Lectura de la Biblia de Cincuenta Días	161
Otros libros de Arnold V Page	165

Lista de figuras

Figura 1: La columna geológica, simplificada.	113
Figura 2: Encadenamiento de los anillos de crecimiento	131
Figura 3: Emparejamiento de los anillos de crecimiento (1)	132
Figura 4: Emparejamiento de los anillos de crecimiento (2)	133

Dios, la Ciencia y la Biblia

Introducción

¿Qué podría ser?

«VOY A HABLAR CONTIGO, pero primero quiero que ores para que entiendas lo que digo».

Estaba a punto de comenzar mi lectura bíblica matutina en la oficina que compartía con José Pulgar, el ministro metodista en Punta Arenas. Situada junto al estrecho de Magallanes, Punta Arenas es la ciudad más al sur del continente sudamericano. Fue un importante puerto marítimo antes de la construcción del canal de Panamá. Hoy en día es una parada importante para los cruceros en uno de los viajes más pintorescos del mundo. Es donde vivía con mi familia en 1980.

De repente, esas palabras llegaron a mi cabeza, tan claramente como si las hubiera escuchado en voz alta. «Voy a hablar contigo...». Raro. Emocionante. Incluso impresionante. *De acuerdo, será mejor que haga lo que me dicen.*

«Señor Dios, por favor, ayúdame a entender lo que vas a decir».

Esperé. Nada. La línea había muerto.

Decidí leer el pasaje de la Biblia que figuró en las notas de lectura bíblica del día. Fue una historia que Jesús contó sobre un hombre que no tenía comida en su casa para ofrecerle a una visita inesperada. Aunque era tarde en la noche, el hombre descaradamente tocó en la puerta de su vecino para pedirle algo de pan.

Toc, toc.

—¿Quién está ahí? ¿Qué deseas?

—Soy yo, Zak. ¿Puedes darme una rebanada de pan?

—¿Qué? No, no puedo. Estamos todos en la cama. Vete y vuelve por la mañana si es necesario.

—No puedo. Tengo un visitante y nada que darle. No puedo mandarlo a la cama con hambre.

La hospitalidad era algo muy importante en aquellos días.

—Es tu culpa. Vete o vas a despertar a los niños. No me voy a levantar de la cama por ti, ¿entiendes?

TOC, TOC.

—Oh, ¡por el amor de Dios! De acuerdo, te daré lo que estás pidiendo.

Me rasqué la cabeza. (En realidad, no me rasqué la cabeza, pero sabes a qué me refiero.)

¿Estaba Dios tratando de decirme algo a través de esto? ¿Había algo que yo había pedido sin éxito, algo que Dios quería que volviera a pedir? ¿Qué podría ser?

Una oferta increíble

Don Double, el fundador de lo que entonces se llamaba la Cruzada de Buenas Noticias, me había escrito para decirme que él y su compañero evangelista Mike Darwood iban a visitar la capital chilena, Santiago. Me preguntó si me gustaría encontrarlos allí. José sugirió, en cambio, que yo los invitara a los dos a venir a Punta Arenas.

«Los misioneros extranjeros nunca vienen aquí», dijo.

Don estuvo de acuerdo, y me puse a trabajar para reclutar a los líderes de todas las iglesias evangélicas en la ciudad, que me ayudaran a preparar un gran evangelístico evento interdenominacional de cuatro días en el que sus miembros podrían participar. Como los edificios de la iglesia eran todos de pequeño tamaño, buscamos otros lugares. Probamos dos salas de deportes, un pequeño teatro en la plaza principal e, incluso, el principal Teatro Municipal, pero todos fueron reservados para otros eventos. Y ahora teníamos un problema: ¡faltaban solo quince días para la visita de Don y Mike!

Pensé de nuevo en la lectura de la Biblia. ¡Por supuesto! Eso debe ser lo que Dios quiso decir. Íbamos a pedir nuevamente uno de los lugares donde nos habían rechazado anteriormente.

Introducción

De acuerdo, ¿cuál fue la mejor? —¡El Señor debe amarlo cuando finalmente trabajemos en colaboración con él!— No tenía ninguna duda en mi mente de que el Teatro Municipal era la opción número uno. Era grande y central, con espacio para estacionamiento de automóviles, además de tener asientos cómodos.

Le expliqué a José lo que creía que el Señor me estaba pidiendo que hiciera.

—Tenemos que volver a preguntar si podemos tener el Teatro Municipal —dije—. Lo necesitamos para cuatro noches, de jueves a domingo.

—Creo que el Alcalde podría ser la persona con quien hablar —me dijo José.

—¿Lo harás? Tu español es mejor que el mío.

No había manera de que yo tratara de persuadir a un alcalde católico romano, que probablemente ni siquiera aprobaría la evangelización de sus ciudadanos, para que cambiara de opinión.

José volvió del teléfono.

—Hablé con el Alcalde —dijo—. Me preguntó para qué lo queríamos y echó un vistazo en el diario. Dijo que el teatro está reservado para las noches de jueves y viernes, pero el sábado y el domingo son gratis, por lo que podemos tener el teatro para esos dos días por lo menos. Además, ¡dice que podemos tenerlo gratis como su contribución a la cruzada!

Al final, tuvimos las dos primeras reuniones en la iglesia metodista, que fue lo suficientemente grande, y las dos reuniones principales en el teatro, que estuvo casi lleno. Hablaré de ello más adelante.

Pregunta de nuevo

La mayoría de nosotros en algún momento de nuestras vidas nos hacemos algunas preguntas bastante importantes. ¿Hay más en la vida que esto? ¿Tiene la vida humana algún propósito que no sea su existencia continua? ¿Cuál es mi propósito en la vida?

¿Hay un Dios?, y si es así, ¿podemos conocerlo… o conocerla? ¿Es verdadera la Biblia o es verdadero el Corán? ¿Hay algo más allá de la muerte? ¿Volverá Jesús realmente como prometió? ¿Qué pasa con la evolución y la teoría del Big Bang? ¿Cuál es el futuro de nuestro planeta?

Es posible que no formulemos estas preguntas en voz alta, pero estoy bastante seguro de que la mayoría de nosotros lo hacemos, al menos en nuestras cabezas. Las preguntamos y o bien decidimos que no tienen respuesta o aceptamos las respuestas que parecen ser las más probables. Probablemente basemos esas respuestas en lo que la mayoría de la gente cree, o en lo que parece más razonable a la luz de lo que hemos leído o nos han dicho. Lo suficientemente justo.

Pero ¿qué pasa si *hay* respuestas a todas estas preguntas, respuestas verdaderas que revolucionarán nuestras vidas cuando las descubramos? Como el descubrimiento de Semmelweis sobre las condiciones antisépticas en la cirugía. O el descubrimiento por parte de los primeros discípulos de Jesús en el primer Día de Pascua que Jesús estaba vivo de nuevo y que ellos también podrían vivir para siempre si le entregaban la vida.

No sé cómo tú has respondido a preguntas como las anteriores. Es posible que hayas decidido que una creencia en Dios no es esencial. Ya sea que te consideres cristiano o no, es posible que hayas adoptado una serie de creencias que la Biblia contradice. Hiciste las preguntas una vez y las respondiste lo mejor que pudiste. Pero tal vez tú no estés completamente seguro sobre si obtuviste las respuestas correctas. Entonces, todo lo que te estoy pidiendo es que hagas lo que hice yo en Punta Arenas, *pregunta de nuevo*. Trata de dejar de lado tus respuestas actuales por el momento y considera la posibilidad de algunas diferentes.

Según San Marcos, las primeras palabras de Jesús fueron: «*Ha llegado el tiempo, y el reino de Dios está cerca. Vuélvanse a Dios y acepten con fe sus buenas noticias*» (Marcos 1.15). Yo creo que el reino de Dios realmente está cerca. No siempre lo hice, pero sí

Introducción

lo hago ahora. Cambié la mente. Eso es lo que la palabra griega traducida «vuélvanse», o en otras traducciones «arrepentirse», significa literalmente: «cambiar la mente». Y es lo que te pido que hagas, si lo que crees todavía no coincide con lo que está en la Biblia, porque Jesús dijo que lo que hay escrito en ella es verdad (Juan 17.17). Si realmente crees que lo que Dios dice en la Biblia es cierto, toda tu vida cambiará. Entrarás en una relación personal con Dios ahora y comenzarás a vivir de la manera que siempre debiste; y eventualmente, cuando Dios recree la tierra en su perfección original y Jesús finalmente reine como rey, vivirás con él allí para siempre (Juan 8.36; 10.10; 14.19; Apocalipsis 21.1-5).

Puede ser que Dios también te esté diciendo: «Voy a hablarte, pero primero quiero que ores para que entiendas lo que digo». ¿Por qué no lo intentas?

1
¿Hay un Dios?

¿Dios existe?

El Conejo Blanco se puso sus gafas. «Por donde empezaré, por favor su Majestad?», él preguntó.
«Comienza por el principio», dijo el rey seriamente, «y continúa hasta llegar hasta el final: luego detente».
Las Aventuras de Alicia en el País de las Maravillas
Lewis Carroll

Comencemos tratando de responder la pregunta: «¿Dios existe?». Si tu respuesta inmediata a esa pregunta es «No», entonces espero que al menos yo pueda cambiarla a «No sé». Si es «No sé», trataré de moverte en la dirección de «Sí». Y si ya es «Sí», sigue leyendo para aprender cómo responder mejor a aquellos que se preguntan *por qué* crees en Dios. ¡Dondequiera que te pares en esta pregunta, estoy convencido de que estás a punto de leer cosas en las que nunca habías pensado antes!

En este capítulo, quiero abordar brevemente lo que creo que son dos argumentos que la gente usa *contra* cualquier creencia en la existencia de Dios, es decir, los males de la religión y el problema del dolor. Otros argumentos sobre cómo un Dios de amor pudo haber destruido el mundo en un diluvio, o haber ordenado a Josué y su ejército que destruyan a los habitantes indígenas de Canaán, o amenace con un castigo eterno en el infierno a quienes lo rechacen, no son argumentos que nieguen de la existencia de Dios, sino en contra de su injusticia percibida. Esa es una pregunta diferente. Pensé que algunos de mis maestros de escuela eran extremadamente injustos conmigo, pero desafortunadamente ¡eso no los detuvo de existir! Tales argumentos se basan en su naturaleza, por lo que no los abordaré aquí, pero los trataré más adelante.

Religión

Al igual que otros inventos humanos, la religión puede ser una fuerza para el bien o el mal. Las personas que creen que es principalmente una fuerza para el mal tienden a concluir que creer en Dios es malo y que, por lo tanto, Dios no existe. No estoy seguro de que este argumento sea lógico. Sin embargo, el hecho es que algunas personas encuentran que la religión es un obstáculo para creer en Dios, así que debo abordar este asunto en caso de que tú seas uno de ellos.

Se ha dicho que más personas han sido asesinadas en nombre de Dios que por cualquier otra razón. Ciertamente, la religión ha sido responsable de algunas guerras, pero la cantidad de muertes que en realidad han sido causadas por la religión es pequeña en comparación con las muertes por guerra en general. *The Encyclopedia of Wars* (*La Enciclopedia de las Guerras*) enumera 1763 guerras históricas, de las cuales solo 123 o el 7 % se han identificado como motivadas principalmente por la religión. Guerras antiguas, la mayoría de las guerras medievales y renacentistas, la campaña napoleónica, la Revolución francesa, las guerras de independencia americanas, la Guerra Civil Americana, la Primera Guerra Mundial, la Revolución rusa, la Segunda Guerra Mundial y los conflictos en Corea y Vietnam; ninguno de estos fue religioso en su naturaleza o causa. Según el artículo de la Wikipedia inglesa *Religious War* (*Guerra Religiosa*), los conflictos religiosos han representado menos del 2 % de todas las personas muertas en la guerra. La declaración de que más personas han sido asesinadas en nombre de Dios que por cualquier otra razón es totalmente falsa.

Es cierto que las religiones han sido responsables de algunas prácticas horriblemente bárbaras, como la quema de niños en sacrificios al dios Moloch por parte de los habitantes locales

¿Hay un Dios?

durante el período de la conquista de Canaán por los hebreos, horribles torturas durante la Inquisición española, y en los últimos años los atentados terroristas y las atrocidades cometidas por ISIS en nombre de Allah.[1] Tales prácticas ciertamente cuestionan algunas religiones, o al menos sus devotos, pero no la existencia de Dios. Si yo tuviera que comenzar una religión basada en adorar a la reina Isabel II y enseñara a mis seguidores a matar a todos los que querían abolir la monarquía, eso no significaría que de repente ella dejó de existir. De manera similar, he de señalar que los males engendrados por algunas religiones o sus seguidores no es, de hecho, un argumento en contra de la existencia del dios que adoran. Es un argumento que ataca a la verdad y la moralidad de algunas enseñanzas religiosas o la forma en que algunos líderes religiosos y sus seguidores interpretan esas enseñanzas.

En realidad, la religión ha sido responsable de infinitamente más bien que mal en el mundo. En un libro extraordinario titulado *An Atheist Defends Religion: Why Humanity Is Better Off with Religion than Without It* (*Un Ateo Defiende la Religión: Por Qué la Humanidad Está Mejor Con la Religión que Sin Ella*), Bruce Sheiman presenta innumerables argumentos a favor de los beneficios de las creencias religiosas, ¡independientemente de que Dios exista[2] o no!

Los argumentos de Sheiman se aplican particularmente a los beneficios que la fe cristiana ha traído al mundo. En rigor, el

---

[1] http://www.mirror.co.uk/news/world-news/isis-release-chilling-video-english-7310064;
https://www.zerocensorship.com/uncensored/isis/foreign-children-executing-kurdish-fighters-other-handgun-beheading-executions-syria-graphic-video-314801.
Si bien la mayoría de los Musulmanes denuncian que las actividades de ISIS no tienen nada que ver con el verdadero islam, los líderes de ISIS creen que están actuando en nombre y voluntad de Allah.

[2] *An Atheist Defends Religion: Why Humanity Is Better Off With Religion Than Without It* (*Un Ateo Defiende la Religión: Por Qué la Humanidad Está Mejor con la Religión que Sin Ella*). B.Sheiman, Alpha Books, 2009.

cristianismo no es una religión en absoluto. Las religiones generalmente consisten en reglas y rituales inventados por los hombres para buscar el favor de cualquier noción de Dios que puedan tener sus seguidores. Básicamente, el cristianismo no se trata de reglas y rituales, ni es de invención humana. Se trata de una relación personal con Dios, un Dios que inició tal relación al venir a la tierra a través de su Hijo, Jesús, para encontrarnos donde estamos. A diferencia de otras religiones, el cristianismo no es un intento de ganar el favor de Dios mediante el cumplimiento de reglas y rituales. Es una respuesta agradecida a su amor por nosotros, que expresamos al vivir como él quería que viviéramos con la ayuda de su Espíritu Santo. Y este cristianismo y esta fe comenzaron a cambiar la sociedad para mejor desde su principio.

La declaración de Pablo, «*Ya no importa el ser judío o griego, esclavo o libre, hombre o mujer; porque unidos a Cristo Jesús, todos ustedes son uno solo*» (Gálatas 3.28), fue un desafío directo a la sociedad del primer siglo. Judíos y no judíos se odiaban entre sí; los sesenta millones de esclavos del Imperio romano se consideraban herramientas vivas para ser expulsados una vez que estaban demasiado enfermos o viejos para ser útiles; las mujeres no tenían ningún derecho en absoluto y, a menudo, dejaban a las niñas bebés en la calle para morir o ser recogidas para su uso posterior en el burdel de alguien. Un hombre podría divorciarse de su esposa por adulterio, embriaguez o simplemente por hacer copias de las llaves de la casa.[3] Un divorcio podría ser otorgado formalmente en la solicitud de uno de los cónyuges, incluso si el otro no fue informado.[4]

A medida que la fe cristiana se apoderó de las mentes y los corazones de la gente, el respeto de Jesucristo por los no judíos,

---

[3] *The long good-bye* (*El largo adiós*). B.Holland y L.Yerkes, Smithsonian 28, núm. 12: 86, marzo 1998.

[4] *Divorce Roman Style: How easy and how Frequent was it?* (*Divorcio al Estilo Romano: ¿Qué tan fácil y Frecuente fue?*) S.Treggiari en *Marriage, Divorce, and Children in Ancient Rome* (*Matrimonio, Divorcio e Hijos en la Antigua Roma*). Ed. B.Rawson, Oxford University Press, 1991.

los esclavos, las mujeres, los niños, los enfermos y los débiles y por el matrimonio revolucionó el mundo antiguo. Los cristianos fundaron hospitales, escuelas y universidades para hombres y mujeres. En Gran Bretaña, muchos de los más antiguos y famosos hospitales, establecimientos universitarios y escuelas llevan el nombre de santos cristianos, porque fueron fundados por cristianos en el servicio consciente de Cristo. Los padres fundadores de los Estados Unidos eran principalmente cristianos practicantes que querían que su vida nacional reflejara esos mismos principios. Si lo entiendo correctamente, su decisión de separar religión y Estado fue principalmente para evitar que este último interfiriera con la fe religiosa y no al revés. En los siglos XVIII y XIX los cristianos en el Parlamento Británico lideraron la lucha contra la esclavitud, incluso hoy en día, organizaciones benéficas cristianas como World Vision, Habitat for Humanity, Christian Aid y Caritas se encuentran entre las principales agencias mundiales de ayuda y desarrollo. Yo diría que es debido a que la sociedad británica y sus valores han sido moldeados por la fe cristiana, además, hoy en día Gran Bretaña es el destino elegido por muchos refugiados y migrantes económicos de países del norte de África y árabes.

Las religiones ocasionalmente han sido responsables de guerras y otros males, y algunas todavía lo son hoy, ¡pero esa no es razón para no creer en Dios!

El problema del dolor

Una segunda razón importante por la que algunas personas no creen en la existencia de Dios, o al menos en la existencia de un Dios amoroso, es lo que C. S. Lewis llamó «the problem of pain» («el problema del dolor»). Lewis es más famoso por sus historias de niños sobre Narnia.

El sufrimiento humano a menudo es terrible, pero es simplista culpar a Dios de todo. Los desastres naturales y las enfermedades causan sufrimiento y muerte, y las discapacidades físicas y mentales pueden dificultar mucho la vida de las personas afectadas y la de sus cuidadores, pero la gran mayoría del sufrimiento humano es causado por las propias personas. La guerra, la violencia, la tiranía, la corrupción, el terrorismo, la injusticia, la opresión, la esclavitud, el crimen, la falta de hogar, la desintegración familiar, el abuso de todo tipo y muchos otros males son causados por los seres humanos. Son el resultado del egoísmo, la codicia, la pereza, la falta de honradez y la crueldad del hombre, en otras palabras; lo que la Biblia llama *pecado*. Incluso los efectos de desastres naturales como terremotos e inundaciones se reducirían considerablemente si las personas hicieran un mayor esfuerzo por construir de manera segura, y si los países más ricos ayudaran a los más pobres. En enero de 2010 un terremoto en Haití mató a unas 230 000 personas. Solo dos semanas después, un terremoto *quinientas veces más poderoso* azotó la costa de Chile y afectó a un número similar de personas, pero el número de muertos fue de solo quinientos veinticinco. Del mismo modo, muchas enfermedades son a consecuencia de la desnutrición, el agua contaminada, la gula, el consumo de alcohol, la falta de medicación y la promiscuidad sexual, todo con causas y soluciones que están en nuestras propias manos. No podemos exigir ser independientes de Dios por un lado y, por otro lado, quejarnos de las consecuencias.

En segundo lugar, si es difícil creer en la existencia de un Dios bueno y amoroso porque hay mucho sufrimiento en el mundo, debería ser igualmente difícil creer en la existencia de un Dios malvado y odioso cuando hay tanto amor, amabilidad, bondad y belleza en el planeta. ¿Crearía un Dios malvado a una madre que arriesga su vida para salvar a su hijo o permitir al fundador de una organización internacional de TI donar miles de millones de dólares para erradicar enfermedades, o producir trabajadores voluntarios que arriesgan sus vidas diariamente para llevar suministros a las ciudades bajo ataque enemigo y asistir a las víctimas de las bombas de racimo incluso cuando están cayendo? Sol y lluvia, tierra y cielo, árboles y flores, comida y bebida, sobre todo nuestras mentes y cuerpos

¿Hay un Dios?

asombrosos, todas son bendiciones que Dios da gratuitamente para nuestro beneficio o uso todos los días. Ponga todas estas bendiciones y más en la escala de la existencia de Dios antes de llegar a la conclusión de que el sufrimiento hace equilibrar la creencia en contra de un creador bueno y amoroso.

En tercer lugar, nuestra visión del sufrimiento está completamente distorsionada, siempre y cuando pensemos que la vida humana está limitada a unos ochenta años en nuestros cuerpos actuales. Si la vida de un bebé se limitara a nueve meses de una existencia incómoda en el vientre de su madre, con razón podría quejarse de la crueldad y la falta de sentido de la vida. Y si esta vida terrenal presente no fuera la preparación esencial para una vida eterna en un mundo que será increíblemente mejor que cualquier cosa que podamos imaginar, entonces la enfermedad, el dolor, las discapacidades físicas y mentales, incluso la muerte, serían difícil de reconciliar con los propósitos de un creador amoroso. Pero si tales sufrimientos son una realidad necesaria en un mundo que la Biblia nos dice que ha sido dañado por el pecado, y si de alguna manera están destinados a prepararnos para algo mucho mejor que durará para siempre, entonces cualquier protesta desafiante contra la idea de un Dios de amor se convertirá en un gemido de lloriqueo.

«¿Ya llegamos?», es el grito universal de los niños que odian los largos y aburridos viajes en automóvil, pero saben en sus corazones que el viaje habrá valido la pena cuando termine en su destino de vacaciones. Varios de los escritores del Nuevo Testamento nos instan a adoptar este mismo punto de vista cuando sufrimos. Pablo sufrió mucho más de lo que la mayoría de nosotros sufrirá, pero no tuvo quejas. «*Considero que los sufrimientos del tiempo presente no son nada si los comparamos con la gloria que habremos de ver después*» (Romanos 8.18), escribió.

Habiendo intentado lo mejor que puedo para enfrentar dos obstáculos principales contra una creencia en Dios, ahora es el momento de considerar la evidencia que apoya esta creencia.

2
La Evidencia del Diseño

Tres tipos de evidencia

El caso clásico *para* la existencia de Dios se divide en tres partes:[5]

- la evidencia del diseño
- la resurrección de Jesús
- la experiencia personal de los creyentes.

En este capítulo, comenzaré con la evidencia del diseño, tanto en el origen del universo como en el origen de la vida. Inevitablemente será un poco científico, pero intenta perseverar porque es realmente muy importante entender por qué el universo y la vida tal como la conocemos solo pueden ser el resultado de un diseño inteligente. Ese es el primer paso hacia la verdad de que fue Dios quien trazó e hizo este mundo asombroso. ¿Y por qué eso es importante? ¡Porque Dios lo creó para gente como tú, y luego te hizo para que él pudiera amarte y tenerte como su amigo para siempre! No eres una colección aleatoria de átomos, sino el hijo de un Padre celestial que quería tenerte en su familia incluso antes de que el mundo fuera creado. ¡Quédate conmigo mientras abro tus ojos!

---

[5] Para la mayoría de los judíos, el segundo elemento no es la resurrección de Jesús, sino su existencia como nación, que solo puede explicarse por los tratos milagrosos de Dios con ellos en su historia temprana.

El problema con el ateísmo

Si te dijera que no hay vida inteligente en el universo más allá de la Tierra, deberías preguntarme cómo podría saberlo con certeza. Podría *creerlo* por alguna razón, pero nunca podría *saberlo* por medios humanos a menos que primero explore cada centímetro cúbico en el universo y no encuentre rastros de vida inteligente. Incluso entonces podría perder lo que estaba buscando si hubiera una forma de vida inteligente que no consistiera en átomos físicos y moléculas detectables por los sentidos humanos.

Del mismo modo, si me dijeras que no hay un Dios, yo tendría derecho a preguntarte cómo podrías saberlo con certeza. Puede que lo *creas* por alguna razón, tal vez porque tus padres te enseñaron a no creer en Dios, o por alguna experiencia terrible que has tenido, o el comportamiento impío de las personas que dicen creer en Dios, o simplemente porque al creer que no existe puedes sentirte libre de elegir por ti mismo cómo vivir y qué creer. Es posible que encuentres razones para *creer* que no hay un Dios, pero no puedo ver cómo puedes *saber* que no hay un Dios a menos que primero explores todo el universo para asegurarte de que no se está escondiendo en ninguna parte. Y, aun así, es posible que te pierdas lo que estás buscando si Dios no consiste en átomos físicos y moléculas detectables por los sentidos humanos.

Así que comprendo cómo alguien puede *saber* que no hay un Dios más de lo que puedo saber que no hay otras formas de vida inteligente en el universo a menos que el mismo Dios me lo diga. ¡Y no puedo imaginar cómo ningún ateo racional va a declarar que Dios no existe porque Dios se lo haya dicho!

En realidad, me parece extraño que aquellos que están convencidos de que deben existir otras formas de vida inteligentes son a menudo las mismas personas que están convencidas de que Dios no existe, aunque, por cualquier definición, Dios es una forma de vida inteligente. ¡La mente humana es muy extraña a veces! Personalmente, creo que es

La Evidencia del Diseño

mucho más fácil creer que Dios existe que si no existe. Para empezar, existe la evidencia de diseño en el origen del universo y el origen de la vida en la Tierra.

El universo

(i) El divino relojero

Tradicionalmente, el principal argumento para creer en la existencia de Dios es el que da Pablo en el capítulo 1 de su carta a los Romanos en la Biblia. Escribió: «*Porque las cosas invisibles de él, su eterno poder y deidad, se hacen claramente visibles desde la creación del mundo...*» (Romanos 1.20 RV). En 1802, William Paley expresó la idea más claramente en su argumento para un «relojero divino».[6] Paley dijo que, si uno examina el mecanismo de un reloj, es obvio que ha sido diseñado para mostrar la hora, y si ha sido diseñado, entonces debe existir un diseñador. Del mismo modo, si es obvio que el universo ha sido diseñado, entonces su diseñador debe existir.

(ii) La teoría del Big Bang

Temprano en una mañana de enero, encendí la luz de mi oficina y una de las tres bombillas en la lámpara del techo explotó. Hubo un destello y una explosión, y pequeños pedazos de vidrio y plástico negro volaron en todas las direcciones alrededor de la habitación. Naturalmente, todos viajaron en líneas rectas, excepto por una curva descendente debido a la fuerza de la gravedad que actuó sobre ellos. ¡La explosión fue aterradora, pero piensa cuánto más aterradora hubiera sido si algunas de esas pequeñas partículas, en lugar de dirigirse directamente hacia las paredes, hubieran alterado su curso

---

[6] *Natural Theology or Evidences of the Existence and Attributes of the Deity* (*Teología Natural o Evidencias de la Existencia y Atributos de la Deidad*). W.Paley, John Morgan, Filadelfia, 1802.

repentinamente y se hubieran dirigido hacia mí! ¡Habría significado que alguna fuerza desconocida controlara su movimiento, convirtiéndolos en misiles guiados! Porque conocemos casi instintivamente la verdad de la primera ley del movimiento de Isaac Newton: «Todo cuerpo persiste en su estado de reposo o de moverse uniformemente en línea recta, excepto en la medida en que se vea obligado a cambiar su estado por una fuerza impresa».[7] Del mismo modo que esas partículas no podrían haber cambiado de rumbo y dirigirse hacia mí sin que una fuerza externa se «impresionara» sobre ellas, también les habría sido imposible comenzar a jugar al corro de la patata uno alrededor del otro. Sin embargo, en contradicción con la primera ley de movimiento de Newton y con todo lo que sabemos instintivamente sobre el comportamiento natural de las cosas, la teoría del Big Bang afirma que las partículas que salieron en línea recta después de la explosión del big bang hicieron exactamente eso; cambiaron de rumbo y ¡muchos de ellos comenzaron a perseguirse unos a otros en círculos!

La teoría del Big Bang ha sido ampliamente aceptada por los científicos durante los últimos cincuenta años, más o menos, como una explicación de la formación del universo tal como lo conocemos. No tiene una explicación para el origen de la materia y la energía que existía al principio, ni para la existencia del tiempo y el espacio, pero intenta explicar cómo el universo físico fue capaz de evolucionar sin el aporte adicional de un diseñador o creador. Según tengo entendido, la teoría afirma que hace aproximadamente 13,7 mil millones de años, toda la materia y la energía en el universo se concentraron en un solo punto increíblemente pequeño. Esto no estaba en algún lugar del espacio porque incluso el espacio no existía. Por alguna razón, hubo una gran explosión que causó que todo, incluido el

---

[7] *Lex I: Corpus omne perseverare in statu suo quiescendi vel movendi uniformiter in directum, nisi quatenus a viribus impressis cogitur statum illum mutare.* De *Philosophiæ Naturalis Principia Mathematica.* Sr. Isaac Newton, publicado el 5 de julio de 1687.

espacio, explotara en todas direcciones, dando como resultado un universo que todavía hoy se está expandiendo. En cuestión de minutos, las partículas iniciales increíblemente calientes se combinaron para formar átomos de hidrógeno y helio a través de la fusión nuclear y, finalmente, vastas cantidades de estos materiales se unieron a través de la atracción gravitacional para formar estrellas. Las estrellas de supernova generaron muchos de los elementos más pesados a través de una mayor fusión nuclear y luego explotaron, dispersando estos elementos en el espacio donde finalmente formaron planetas orbitando estrellas más pequeñas como nuestro Sol. Creo que esa es la imagen general, incluso si no tengo todos los detalles correctos.

(iii) Las leyes de la física

Uno de los tres principios fundamentales de la teoría del Big Bang es que las leyes de la física son universales y no cambian con el tiempo o la ubicación en el espacio. Eso tiene que ser un principio porque si una teoría se basa en la suposición de que cualquier cosa podría haber sucedido, deja de ser una teoría científica y se convierte en mera conjetura fantasiosa. En su libro *Evolution of Earth and its Climate*[8] (*Evolución de la Tierra y su Clima*) el profesor ruso O. G. Sorokhtin y sus colegas revisaron las teorías actuales sobre los orígenes de la Tierra y la Luna. Afirman como un principio fundamental: «La Tierra es un cuerpo físico y evoluciona bajo las estrictas leyes de la física». Esto significa que cualquier explicación naturalista del origen de las estrellas, los planetas y las lunas debe estar de acuerdo con las leyes físicas conocidas de la materia, movimiento y energía. No puede haber escape de ellos. Y es por esa razón que creo que cualquier explicación naturalista de la formación del universo es imposible.

---

[8] *Evolution of Earth and its Climate* (*Evolución de la Tierra y su Clima*). O.G.Sorokhtin, G.V.Chilingarian & N.O.Sorokhtin, Elsevier, 2010.

Estas son algunas de las estrictas leyes de la física a las que se refirió Sorokhtin.

- La primera ley de movimiento de Newton establece, en esencia, que un objeto permanece en reposo o continúa moviéndose a una velocidad constante en línea recta a menos que alguna fuerza externa actúe sobre él.
- La ley de Newton de la gravitación universal nos dice que la atracción gravitatoria entre dos objetos disminuye a medida que aumenta la distancia entre ellos, de manera fija dependiendo de sus masas y la distancia entre ellos.[9] No sé si la misma relación se aplica a las fuerzas subatómicas, pero me parece obvio que las fuerzas subatómicas de atracción mutua también disminuirán a medida que aumenta la distancia entre las partículas subatómicas.
- La segunda ley del movimiento de Newton[10], combinada con su ley de la gravitación y algunas matemáticas, nos dice cómo las estrellas, los cometas, los planetas, las lunas y los satélites hechos por el hombre se mueven entre sí y los cursos exactos en los que viajan.
- La tercera ley del movimiento de Newton dice que, si un cuerpo A aplica alguna acción a un cuerpo B, entonces el cuerpo B aplicará una acción equivalente en la dirección opuesta al cuerpo A. Comúnmente, esto se declara como «acción y reacción son iguales y opuestas».
- La ley de Boyle lleva a la verdad popular de que un gas se expande para llenar el espacio disponible.

Afortunadamente, ¡esto es anulado por la gravedad

---

[9] Más precisamente, la ley de la gravitación universal establece que la fuerza gravitacional que ejercen dos objetos entre sí es igual a Gm_1m_2 / r^2, donde G es la constante gravitacional universal, m_1 y m_2 son las masas de los dos objetos respectivamente, y r es la distancia entre ellos.

[10] La segunda ley de movimiento de Newton establece que $F = m/\alpha$, donde F es la fuerza que actúa sobre un cuerpo de masa m y α es la aceleración resultante en la dirección de la fuerza.

La Evidencia del Diseño

cuando un gas es parte de la atmósfera alrededor de un planeta!

(iv) El Big Bang y las leyes de la física

Ahora veamos qué sucede cuando aplicamos estas leyes a las teorías actuales sobre la formación del universo.

La teoría del Big Bang afirma que todo el material original del universo brotó igualmente en todas las direcciones desde un punto infinitesimal, como los rayos de una rueda de bicicleta tridimensional. De acuerdo con la primera ley de movimiento de Newton, todas las partículas que comprendían este material habrían seguido viajando en línea recta desde el origen. Así que es obvio que cualquiera de las dos partículas subatómicas debe haberse pegado entre sí y seguir la misma línea de viaje o, de lo contrario, haberse movido más y más separadas como los radios de una rueda para siempre. En ese caso, nunca se habrían vuelto a juntar, y todo lo que sigue en la teoría del Big Bang habría sido imposible.[11]

En segundo lugar, esta teoría supone que los primeros elementos que se formaron fueron el hidrógeno y el helio, y que estos gases se juntaron en cantidades masivas en varios lugares para formar estrellas. Pero la ley de Boyle nos dice que los gases se expanden para llenar el espacio disponible y, por lo tanto, no se habrían juntado en un espacio vacío.[12]

---

[11] En un universo homogéneo, que es el segundo supuesto principal de la teoría del Big Bang, la distribución de cualquier fuerza subatómica de partículas adyacentes habría sido igual en todos los lados y, por lo tanto, se habría cancelado entre sí, permitiendo que cada partícula continúe su curso original en línea recta. Por supuesto, si la fuerza de la explosión del Big Bang fue insuficiente para superar la atracción gravitacional total, todas las partículas finalmente se habrían recuperado en su punto de origen, pero el universo físico tal como lo conocemos nunca podría haber evolucionado.

[12] La teoría asume que en esta etapa de la evolución del universo no había elementos más pesados que pudieran haber sido capaces de producir un

Cualquier teoría sobre el origen del sistema solar tiene que explicar cómo los planetas terminaron viajando alrededor del Sol. El consenso actual es que, en algún momento temprano de su evolución, el sistema solar era algo así como una gigantesca placa giratoria, cuyos fragmentos se juntaron gradualmente en planetas. Esto se conoce como «la teoría del disco nebular solar». Como tal, el sistema tiene lo que se denomina un momento angular, con Júpiter y los planetas exteriores que comprenden la mayor parte de este momento. Según la tercera ley del movimiento de Newton, todo lo que inicialmente produjo este momento angular debe haberse sometido a un momento angular igual y opuesto, y la teoría del Big Bang no ofrece ninguna explicación de lo que esta otra entidad podría haber sido.[13] Dado que el sistema solar todavía está girando, entonces, sea lo que sea lo que lo hizo girar —si la causa fue natural—, ¡todavía está girando de manera invisible en la dirección opuesta en algún lugar alrededor de nosotros!

Y ¿cómo comenzó a girar la Tierra misma? Una pelota de cricket no se hace girar. Para hacer girar una pelota, el lanzador la empuja hacia arriba en un lado con su pulgar y la empuja

---

núcleo gravitacional para capturar los gases circundantes como lo hace un planeta.

[13] El momento angular del sistema solar podría explicarse si todos los planetas hubieran venido del espacio exterior a la órbita alrededor del Sol en la misma dirección de rotación y en el mismo plano, pero esto hubiera sido imposible por la misma razón que la Luna no podría haber entrado en órbita alrededor de la Tierra, como explicaré más adelante. En cualquier caso, los científicos generalmente no creen que los planetas hayan llegado del espacio exterior. Otra explicación para la rotación de los sistemas planetarios sería que es el resultado de un vórtice. Un vórtice se produce cuando un líquido o gas es empujado hacia abajo por algún tipo de tubo, por ejemplo, cuando el agua drena por un desagüe o una columna de aire caliente es arrastrada hacia el aire más frío circundante para crear un tornado. Pero incluso en estas circunstancias, el «tubo» circundante experimenta una fuerza de rotación igual y opuesta en él. ¿Y qué tipo de «tubo» eterno podría haber rodeado todo un sistema planetario, y qué tipo de fuerza —gravedad o presión— podría haber forzado a todo un sistema planetario a través del tubo para hacer que gire?

La Evidencia del Diseño

hacia abajo en el otro lado con sus dedos. Ambas fuerzas deben ser iguales y deben aplicarse en direcciones opuestas al mismo tiempo. Entonces, ¿qué fuerzas posibles podrían haberse aplicado simultáneamente en direcciones opuestas a nuestro planeta, y cómo podrían haberse aplicado a la Tierra de todos modos? Algunos científicos sugieren que las lunas de un planeta hacen que gire, pero Venus y Mercurio giran y no tienen lunas, mientras que nuestra luna hace todo lo posible para detener la rotación de la Tierra debido al frenado de las mareas. La única fuerza que una luna puede aplicar a un planeta que no tiene océanos es hacia sí misma [14], y una fuerza aplicada en esa dirección no hará que un planeta gire más rápido o más lento.

¿Cómo llegó la Luna a orbitar la Tierra? Los científicos generalmente están de acuerdo en que la Luna no salió de este planeta, porque las composiciones minerales de la Tierra y la Luna son muy diferentes. La mayoría de ellos creen que originalmente se acercó desde el espacio, como un gran meteoro. La segunda ley de movimiento de Newton combinada con su ley de la gravitación y algunas matemáticas nos dicen exactamente qué habría pasado con este grupo de materia que se aproxima. O bien se habría estrellado contra la Tierra o habría pasado de largo. Nunca, jamás, habría terminado en órbita alrededor de la Tierra por medios puramente naturales. Una posible luna, cometa o meteoro que no estaba en curso de colisión real con la Tierra se acercaría a ella a lo largo de un camino parabólico —aproximadamente la forma de una línea de lavado muy floja—. Cuando llegó a su punto más cercano —el punto más bajo de la línea de lavado—, saldría por una ruta al otro lado de la Tierra que era una imagen exacta de su trayectoria de aproximación. Cualquier estudiante de matemáticas preuniversitario puede decirte eso.

Además, para poner a la Luna en una órbita *circular* alrededor de la Tierra, estos hipotéticos frenos de cohetes a bordo

---

[14] La atracción gravitacional entre una luna y su planeta actúa en una dirección paralela a la línea que une sus centros.

habrían tenido que dispararse en el momento exacto en que se encontraba en su punto más cercano a ella, con la cantidad exacta de fuerza necesaria para reducir su velocidad al valor requerido[15] y en una dirección exactamente opuesta a la que lleva. Es imposible concebir cómo tal fuerza podría haber sido aplicada naturalmente para ralentizar la Luna entrante lo suficiente, y es igualmente imposible concebir cómo podría haberse aplicado con la fuerza y dirección exactas necesarias para colocar a la Luna en la órbita casi perfectamente circular que es hoy.

Estos argumentos se aplican aún más específicamente a una hipótesis publicada en *Nature Geoscience* en 2017.[16] Quizás, al darse cuenta de que la teoría tradicional no funciona, algunos investigadores israelíes han postulado que la Tierra primitiva fue golpeada por una serie de objetos que de alguna manera produjeron un anillo de escombros que orbitan alrededor del planeta. Estos restos eventualmente se unieron en unas veinte lunas pequeñas —¿de dónde vino ese número?—. Luego, a lo largo de decenas de millones de años —¡por supuesto!—, estos eventualmente se combinaron para formar nuestra Luna. Pero ¿cómo pudieron meterse en una órbita circular los escombros postulados arrojados de la Tierra en lugar de volar al espacio de acuerdo con la primera ley del movimiento de Newton? Y si lo hicieron, ¿cómo terminaron todas las piezas en órbitas con radios lo suficientemente cercanos para que se unieran? ¿Y qué tan probable es que todos ellos se fusionen de todos modos, teniendo en cuenta que el polvo de asteroide que constituye los anillos de Saturno nunca se ha unido, y tampoco las cincuenta y

---

[15] Para que cualquier luna esté en una órbita circular de radio *r* alrededor de un planeta de masa *M*, debe estar viajando tangencialmente a una velocidad de exactamente $(GM/r)^{0,5}$, donde *G* es la constante gravitacional universal.

[16] «A multiple-impact origin for the Moon» (*Un origen de múltiples impactos para la Luna*). R.Rufu, O. Aharonson & H.B.Perets, *Geociencias Naturales*, enero de 2017.

La Evidencia del Diseño

tres lunas de Júpiter? Esta hipótesis del origen de la Luna parece aún más descabellada que la más tradicional.

(v) Las leyes de la termodinámica

Si el universo no fue creado sobrenaturalmente como la Biblia nos dice que fue, entonces la forma en que fue creado debe haber estado de acuerdo con las leyes naturales de la física que todos los científicos aceptan. Entonces, ¿qué tienen que decirnos las dos leyes de la termodinámica, sobre el origen del universo?

La Primera Ley de la Termodinámica establece que el calor y el trabajo son formas de energía. En su forma más simple, esta ley establece que en cualquier sistema cerrado la cantidad total de energía permanece constante; la energía no se puede crear ni destruir. Sin embargo, desde el descubrimiento de Einstein de que la materia en sí misma es una forma de energía, una afirmación más completa es que en cualquier sistema cerrado la cantidad total de materia y energía permanece constante; la cantidad total no puede cambiar. Esto lleva a una conclusión muy interesante. Por definición, el universo es un sistema cerrado, porque el universo por definición es todo lo que existe. Entonces, si la cantidad total de materia y energía en el universo no puede cambiar, no se puede crear ni destruir y, por lo tanto, el universo debe haber existido para siempre.

Pero luego llegamos a la Segunda Ley de la Termodinámica. Este es más difícil de explicar, pero haré lo mejor que pueda. Una forma realmente sencilla de verlo es que el universo es como un gigantesco motor de relojería que alguna vez estuvo completamente apagado, pero ahora se está agotando.

Por encima de la ciudad de Llanberis, en el norte de Gales, se encuentra lo que se conoce como la Montaña Eléctrica. Durante el día, el agua de un embalse en la cima de la montaña fluye cuesta abajo hacia otro embalse y en el camino hacia abajo impulsa una turbina que genera electricidad para la red nacional. Durante la noche, cuando la demanda de electricidad de la red se reduce y hay mucho de sobra, un motor eléctrico alimentado por la red bombea arriba el agua en la parte inferior de la montaña.

Pero supongamos que se trata de un sistema cerrado, desconectado de la red y sin lluvia para rellenar los embalses. Durante el día, el agua accionaría la turbina que luego almacenaría la electricidad generada en una especie de batería recargable gigantesca. Durante la noche, la electricidad almacenada en la batería se usaría para bombear el agua de regreso a la montaña. Puede imaginar que esto podría continuar para siempre, pero la Segunda Ley de la Termodinámica dice que la cantidad de agua que podría bombearse hacia la montaña siempre sería menor que la cantidad que bajó la noche anterior. Eventualmente, todo el sistema se agotaría y se detendría, con toda el agua en el depósito inferior y sin energía en la batería.

La razón por la que esto sucedería no es que la energía en el sistema se evaporaría de alguna manera, sino que la energía útil que se almacenó inicialmente en el depósito superior se convertiría en energía inútil en forma de calor. Los motores eléctricos generan calor, al igual que las baterías cuando se cargan. La Segunda Ley establece que mientras la cantidad total de energía en el universo permanece constante, la cantidad de energía útil está disminuyendo constantemente, hasta que eventualmente no quedará ninguna y cualquier tipo de trabajo será imposible.

Y una vez más, esto lleva a una conclusión sorprendente. Dado que la cantidad de energía útil está disminuyendo continuamente, el universo no puede haberse estado agotando para siempre, porque si lo hubiera hecho, a estas alturas no habría quedado energía útil. Por lo tanto, el universo no puede haber existido para siempre, lo que significa que debe haber tenido un comienzo en el tiempo.

Entonces, la Primera Ley de la Termodinámica nos dice que el universo debe haber existido para siempre, mientras que la Segunda Ley de la Termodinámica nos dice que no puede haber existido para siempre. Obviamente, algo anda mal, y lo que está mal es esto. Es la idea de que el universo llegó a existir de forma natural de acuerdo con todas las leyes naturales de la física, y no por la palabra sobrenatural, sobrecogedora e inconcebiblemente poderosa del Dios viviente.

Por la fe entendemos que el mundo fue creado por la palabra de Dios, de modo que lo que se ve fue hecho de cosas que no aparecen.
Hebreos 11.3

(vi) Un argumento estadístico

Finalmente, tengo mi propio argumento estadístico en contra de la idea de que el sistema solar podría haber existido sin un diseño y control sobrenaturales.

Hay aproximadamente 182 lunas conocidas en el sistema solar. Asumamos lo imposible; que de alguna manera todas estas lunas fueron capturadas naturalmente sin algún tipo de guía externa para ponerlas en órbita. En ese caso, es muy probable que la mayoría o la totalidad de las órbitas resultantes sean elipsis, es decir, círculos aplastados. La cantidad que un círculo está aplastado se llama su excentricidad. Un círculo perfecto tiene una excentricidad de 0,0 y un círculo totalmente aplastado tiene una excentricidad de 1,0. La forma ovalada de un huevo de gallina, por ejemplo, tiene una excentricidad de alrededor de 0,7. La órbita del cometa de Halley alrededor del Sol tiene una excentricidad de 0,967: es extremadamente larga y delgada. La órbita de la Luna, por otro lado, tiene una excentricidad de solo 0,0554. Esto significa que es un círculo casi perfecto, ya que en una órbita con una excentricidad de 0,05 la parte más estrecha todavía mide el 99,9 % de la parte más ancha.

Ahora, una órbita creada al azar, cuando una luna se acerca a un planeta y de alguna manera es capturada por ella, podría tener cualquier excentricidad desde 0,0 a casi 1,0. De ese modo, esperaríamos que una órbita tan circular como la de nuestra propia luna sea extremadamente rara. Así que es sorprendente que las órbitas de sesenta y cinco de las 182 lunas del sistema solar —más de un tercio— tengan una excentricidad de 0,05 o menos, lo que significa que todas sus órbitas son casi perfectamente circulares.[17]

Es posible calcular la probabilidad de que esto suceda por casualidad. Si asumimos que la probabilidad de que una órbita elíptica aleatoria tenga una excentricidad inferior a 0,05 es de uno a veinte (es decir, 1/0,05), entonces, la probabilidad de que al menos sesenta y cinco de las 182 lunas tengan órbitas con excentricidades de menos de 0,05 por casualidad es casi de 1 en 2×10^{34}. Este es un número muy grande. ¡Es veinte mil millón billones de billones, y eso es veinte billones de veces más estrellas que hay en todo el universo! *En otras palabras, ¡tener sesenta y cinco de las 182 lunas en órbitas casi circulares alrededor de sus planetas simplemente por casualidad es tan probable como recoger la bola de lotería ganadora de la misma cantidad de bolas de lotería, ya que hay estrellas en casi veinte billones de universos!*

Esto no tiene ningún sentido para la idea de que, si hubiera un número suficientemente grande de sistemas planetarios en nuestro universo, entonces al menos uno de ellos tendría que ser como el nuestro. No hay suficientes estrellas para hacer esto remotamente posible. Incluso si lo hubiera, no puedo concebir cómo una sola luna podría haber terminado en cualquier tipo de órbita alrededor de su planeta, ya sea en un círculo o en una elipse, si tuviera que llegar allí de acuerdo con «las estrictas leyes de la física» como Sorokhtin exigió. Incidentalmente, se han detectado otros 2649 sistemas planetarios en el momento de escribir este capítulo, pero de acuerdo con el artículo de Wikipedia sobre *Orbital Eccentricity* (*Excentricidad Orbital*), citando un artículo de Marcy y otros,[18] «el sistema solar, con su excentricidad inusualmente baja, es raro y único».

---

[17] Las excentricidades de las órbitas lunares del sistema solar están enumeradas por la NASA en su sitio web
http://ssd.jpl.nasa.gov/?sat_elem, visto el 7 de septiembre de 2016.
[18] *Orbital Eccentricities* (*Excentricidades Orbitales*). G.Marcy y otros, exoplanets.org, septiembre de 2003.

La Evidencia del Diseño

Es precisamente debido a las leyes fundamentales de la física que no puedo creer que el universo o el sistema solar se formó sin la ayuda de Dios. El Sr. Isaac Newton llegó exactamente a la misma conclusión: «Este hermoso sistema de sol, planetas y cometas solo podrían proceder del consejo y dominio de un Ser inteligente y poderoso».[19]

Hoy en día, el progreso de los físicos y matemáticos para producir una «teoría de todo» está aumentando la comprensión de la humanidad de la increíble naturaleza del universo tal como es ahora. Pero incluso la teoría del Big Bang no intenta explicar el origen del universo, de donde proviene toda la materia y la energía original. Más importante aún, nadie —ni siquiera el fallecido profesor Stephen Hawking— podría refutar la declaración de la Biblia de que el universo fue creado sobrenaturalmente. Porque incluso si el universo fue creado de manera sobrenatural ayer, nunca lo sabríamos, como veremos en el Capítulo 5.

Vida

(i) El origen de las especies

Si ni el universo en su conjunto ni la vida en la Tierra fueron creados por alguna entidad poderosa e inteligente, ¿dónde nos deja eso? Dando un paso atrás de la imagen, solo podemos concluir que de alguna manera el hidrógeno se convirtió en personas por sí mismo. Se han escrito libros completos que explican cómo esto pudo haber sucedido o no, por lo que no puedo pretender hacer justicia al tema en un libro que tiene un objetivo más modesto, pero infinitamente más importante: ayudarte a creer en Dios como Creador y en su hijo Jesús como el Salvador y Rey prometido por venir. Sin embargo, quiero

---

[19] *Philosophiæ Naturalis Principia Mathematica*. Sr. Isaac Newton, publicado el 5 de Julio de 1687.

sugerir algunas reflexiones que he tenido sobre el origen de las especies. En mi opinión, estos pensamientos apuntan una vez más a la existencia de un Dios que creó todo a propósito.

El título del libro de Charles Darwin de 1859 *El origen de las especies por medio de la selección natural, o la preservación de razas favorecidas en la lucha por la vida* fue un poco engañoso. Darwin no intentó explicar cómo se originó la vida misma —la capacidad de interactuar con el medio ambiente y reproducirse—. Simplemente propuso que todas las especies vivientes habían surgido de alguna forma de vida original simple a través de la selección natural de pequeñas, aleatorias, variaciones heredadas que aumentaban la capacidad de cada individuo para competir, sobrevivir y reproducirse. Durante un período muy largo, estos pequeños cambios condujeron a otros más grandes y eventualmente a las plantas, insectos, peces, reptiles, animales, pájaros y personas que vemos hoy.

Ten en cuenta la expresión «selección natural». Se trata de un proceso por el cual ciertos rasgos *existentes* en un organismo vivo se vuelven más o menos comunes en las generaciones siguientes debido a factores ambientales que favorecen o inhiben la capacidad del organismo de producir descendencia sobreviviente. ¡No implica la creación de nada nuevo, lo cual es un requisito esencial para el origen de nuevas especies!

(ii) Selección natural

En la década de 1970 un destacado evolucionista, el Dr. John Endler, realizó una investigación inteligente sobre el colorido pez guppy. Tenía la idea de que los machos más coloridos tendrían más éxito para atraer a las hembras y, entonces, producirían más descendientes, pero que a los menos coloridos les resultaría más fácil esconderse de los depredadores y así sobrevivirían más tiempo. Al separarlos en tres estanques diferentes, uno con depredadores naturales que se alimentaban de guppies, uno con peces depredadores que no se alimentaban de guppies y el tercero sin depredadores naturales, pudo

La Evidencia del Diseño

demostrar que, durante varias generaciones, la descendencia en el primer estanque que contenía depredadores guppy era, de hecho, menos colorido y tenía menos manchas que los guppies en los otros dos estanques. Pero seguían siendo guppies.

Del mismo modo, se ha afirmado que durante la Revolución Industrial en Gran Bretaña las polillas salpicadas en las ciudades se volvieron mucho más oscuras, casi negras. Anteriormente, las polillas estaban moteadas, pero en su mayoría eran de un color bastante claro, su coloración las camuflaba contra los troncos de los árboles en los que algunos descansaban durante el día, protegiéndolos así de las aves depredadoras. No obstante, sus colores variaban: algunos eran más claros y otros más oscuros. En los árboles urbanos ennegrecidos por el humo, los más oscuros eran menos fáciles de distinguir, con el resultado de que en cincuenta años la mayoría de las polillas salpicadas en las ciudades se habían vuelto de color muy oscuro.[20] Pero sea cual sea la verdad de esta historia, todavía eran polillas salpicadas.[21]

Esos son dos ejemplos de selección natural. Pero la evolución exige más que la selección natural. Requiere que los organismos hagan más que separarse en grupos con características que son más o menos favorables para ambientes particulares. Al posicionar una ascendencia común para todos los seres vivos, la evolución requiere la producción por etapas de rasgos radicalmente *nuevos* que no son solo selecciones de las existentes o incluso modificaciones menores de ellas. La teoría requiere que un tipo de vida más simple se convierta en un tipo

---

[20] Ver http://creation.com/more-about-moths para la historia completa de la saga de la polilla salpicada.

[21] L.Harrison Matthews escribió en el prólogo de la edición de 1971 de *El Origen de las Especies* de Darwin: «Los experimentos demuestran hermosamente la selección natural —o la supervivencia del más apto— en acción, pero no muestran una evolución en curso, ya que las poblaciones pueden alterar su contenido de formas claras, intermedias u oscuras, todas las polillas permanecen de principio a fin *betularia de Biston*».

más complejo, de modo que un tipo básico, es decir, una planta, insecto, animal, etc., eventualmente se convierta en otro.

El problema es que las personas que apoyan la teoría de la evolución continuamente mencionan los casos de selección natural como si fueran ejemplos de la evolución. Por ejemplo, Wendy Prosser describe tres instancias de cambios «que demuestran la selección natural» pero luego los llama «evolución en acción».[22] Sewall Wright describió el caso de la polilla moteada como «el caso más claro en el que realmente se ha observado un proceso evolutivo conspicuo»,[23] ¡pero no se formaron nuevos tipos de polilla! Richard Dawkins, el apóstol del evolucionismo, describió el experimento de Endler con guppies como «un ejemplo espectacular de evolución ante nuestros propios ojos»[24], pero no fue nada de eso. Endler mismo escribió: «La selección natural no debe equipararse con la evolución, aunque las dos están íntimamente relacionadas».[25] Y en el mismo libro, Endler agregó, «la selección natural no explica el origen de las nuevas variantes, solo el proceso de cambios en su frecuencia».[26]

Entonces, si los ejemplos de mera selección natural son la evidencia más clara de «evolución en acción» que sus partidarios pueden citar, uno solo puede concluir que ejemplos reales de evolución son inexistentes. Ciertamente, se han encontrado fósiles de formas de vida que ya no existen, pero eso no prueba que hayan cambiado en otras cosas. Todo lo que nos dicen es que una vez hubo algunas formas de vida, como el dodo, que ahora están extintas. Seamos claros sobre esto: no

---

[22] http://www.decodedscience.org/evolution-in-action-three-experiments-demonstrating-natural-selection/1796, visto el 12 de septiembre de 2016.
[23] *Encyclopedia of Evolution* (*Enciclopedia de La Evolución*). S.A.Rice, Nueva York: Hechos en Archivo, Inc. p. 308.
[24] *The Greatest Show on Earth* (*El Mayor Espectáculo del Mundo*). R.Dawkins, Prensa Libre, Nueva York, 2009. p.139.
[25] *Natural Selection in the Wild* (*Selección Natural en la Naturaleza*). J.A.Endler, Prensa de la Universidad de Princeton, NJ, Estados Unidos, 1986, p.5.
[26] J.A.Endler, como anteriormente, p.245.

La Evidencia del Diseño

hay evidencia científica observable que apoye la evolución como una explicación del origen de las especies. La hipótesis evolutiva es simplemente una idea, una idea que atrae particularmente a las personas que no quieren creer que todo fue diseñado y creado por Dios.

(iii) Mutaciones

Es cierto que se producen *mutaciones*. Una mutación es un cambio en la secuencia de ADN en un gen. Es como el famoso intento del comediante inglés Eric Morecambe de tocar un solo de piano. Insistió que había tocado «todas las notas correctas, pero ¡no necesariamente en el orden correcto»! ¿Cuál es el resultado de tales mutaciones? El ejemplo más obvio es el envejecimiento. Aparte de nuestras células cerebrales y lentes oculares, las células de nuestro cuerpo son reemplazadas continuamente, algunas con frecuencia como el cabello y la sangre, algunas menos frecuentemente tal como nuestras células grasas y huesos. Pero alrededor de los veinticinco o treinta años, las mutaciones genéticas comienzan a ser importantes. El proceso de reemplazo comienza a ir mal: nuestro cabello se vuelve más delgado, la piel se arrugada y nuestras articulaciones comienzan a crujir. Otro ejemplo de mutación es la creación de genes dañados en la concepción, lo que resulta en descendencia con discapacidades físicas o mentales.

Algunas mutaciones por diseño pueden ser útiles, como afirman los productores de cultivos genéticamente modificados. Pero incluso las mutaciones beneficiosas involucran solo la supresión, alteración o combinación de instrucciones genéticas existentes, no la adición de material nuevo y más complejo. Las mutaciones beneficiosas que ocurren naturalmente siempre implican la pérdida de alguna habilidad en lugar de la creación de una nueva: la pérdida de la vista en los peces de las cavernas y las salamandras de las cuevas, la pérdida de las alas funcionales en los escarabajos en una isla ventosa, la pérdida de armadura corporal cuando los peces espinosos de agua salada se introducen en entornos de agua dulce menos peligrosos, y así sucesivamente. Estas son mutaciones, pero no son ejemplos de nada nuevo creado, de criaturas de un tipo que evolucionan hacia algo más complejo. Todo lo que involucran es la pérdida o modificación de algo que una vez tuvieron.

En los seres humanos, las mutaciones son casi invariablemente dañinas, una base de datos enumeró 2665 genes con mutaciones que se sabe que causan enfermedades.[27] Afortunadamente, las mutaciones hereditarias a menudo se eliminan naturalmente. El segundo dedo del pie de mi madre en cada pie cruzó sobre su dedo gordo, pero los dedos de los pies de mi padre eran normales. En consecuencia, mi segundo dedo está ligeramente torcido y los dedos de mis hijos son bien. Parece que la necesidad de aparearse con otro miembro del mismo tipo está diseñada para evitar que se produzca un cambio evolutivo permanente en lugar de promoverlo. Y esto se aplica igualmente a las mutaciones benéficas, por lo que no hay garantía de que incluso estas se conserven en una generación posterior.

Para que la teoría de la evolución funcione, las mutaciones deben proporcionar un beneficio distinto para la supervivencia o la reproducción; el beneficio debe ser lo suficientemente importante para garantizar que la versión mutada de un organismo sobreviva mejor que las no mutadas; y la mutación tiene que ser reproducida en generaciones sucesivas. Dado que la mayoría de las mutaciones beneficiosas parecen ser recesivas, el último requisito generalmente significa que, en las formas de vida superiores, la misma mutación tiene que ocurrir tanto en un hombre como en una mujer dentro de la misma generación que luego se aparean, una ocurrencia que parece muy poco probable. Con todo eso en mente, un poco de sentido común

---

[27] *Online Mendelian Inheritance in Man* (*Herencia Mendeliana en el Hombre en Línea*), omim.org, citado por Dr. Don Batten en *Evolution's Achilles Heels* (*El Talón de Aquiles de la Evolución*), R.Carter Ed, Creation Book Publishers, Georgia, EE. UU., 2014.

debería convencer a cualquier persona racional e imparcial de que la teoría de la evolución como explicación del origen de la diversidad de la vida no es plausible. A partir de Darwin en adelante, la teoría de la evolución supone que las mutaciones genéticas ocurren en pequeños pasos, porque es una razón demasiado amplia para creer, por ejemplo, que un corazón completamente formado y en funcionamiento podría aparecer repentinamente en el código genético por accidente. Y para que la evolución progrese se supone que las mutaciones ventajosas sobrevivirán mientras que las desventajosas no sobrevivirán, como resultado de la selección natural. Tomados en conjunto, estos supuestos significan que cada pequeño paso debe en sí mismo proporcionar alguna ventaja para la supervivencia o reproducción que sea lo suficientemente significativa como para que la selección natural lo recoja y lo establezca. Y solo un pequeño pensamiento demuestra que eso es imposible. Tomemos la vejiga humana como ejemplo.

(iv) Una meditación sobre las vejigas

Las amebas no tienen vejigas. Por lo tanto, en algún momento de la supuesta ascendencia evolutiva del hombre había una criatura que no poseía una vejiga para almacenar fluidos. Ahora una vejiga puede proporcionar una ventaja a la existencia solo cuando es funcional. Esto significa que para establecerse debe haber sido suficientemente formado para funcionar cuando apareció por primera vez. Para ser funcional, también debe haber tenido nervios que, viajando hasta el cerebro, fuesen capaces de decirle al cerebro cuando está lleno, o de lo contrario habría estallado, y las vejigas que siguieron explotando habrían sido una desventaja para la existencia en lugar de una ventaja.[28] Esos nervios deben haberse desarrollado

---

[28] Las sensaciones de la vejiga se transmiten al sistema nervioso central (SNC) a través de fibras aferentes viscerales generales (VAB). Las fibras VAB en la superficie superior siguen el curso de los nervios eferentes

al mismo tiempo que la vejiga completamente formada; de lo contrario no habrían servido para nada y, entonces, no habrían conferido ninguna ventaja evolutiva. Al mismo tiempo que se crearon los nervios, un área del cerebro que podría interpretar el significado de los mensajes que le enviaron debe haber existido; de lo contrario, ni los nervios ni la vejiga habrían podido funcionar correctamente. Y, al mismo tiempo, el cerebro también debe haber adquirido simultáneamente, de alguna manera, por mutación aleatoria, los medios para comunicarle a la vejiga una instrucción de vaciarse cuando se le dijo que estaba lleno. Todos estos sorprendentes cambios genéticos aleatorios debieron ocurrir simultáneamente para que se haya producido una tasa de supervivencia preferencial en cualquiera de ellos.

Pero supongamos que una vejiga en pleno funcionamiento surgió a través de una mutación aleatoria totalmente milagrosa. Una vejiga no solo debe estar completamente formada y funcional para ser útil, con todas las conexiones correctas al cerebro y la nueva sección requerida del cerebro para controlarla, sino que también debe existir en la parte derecha del cuerpo, unido a una salida desde los riñones y con su propia salida al mundo exterior. Incluso suponiendo que una mutación genética aleatoria pudiera producir de alguna manera una vejiga completamente formada con conexiones funcionales hacia y desde el cerebro, no hubiera sido útil si hubiera aparecido alrededor del oído de alguien, o en el dedo meñique, o como una extensión al corazón. Podrás protestar que estoy ridiculizando injustificadamente la idea de la evolución, pero si las mutaciones genéticas que producen nueva información realmente ocurren sin algún diseño y control externo, entonces, por definición, deben ocurrir al azar. Esto significa que la primera vejiga funcional podría haber ocurrido en cualquier punto aleatorio del cuerpo. ¿Podrías tú o alguien más creer

---

simpáticos de regreso al SNC, mientras que las fibras VAB en la porción inferior de la vejiga siguen el curso de los eferentes parasimpáticos.

La Evidencia del Diseño

seriamente que las vejigas en pleno funcionamiento aparecieron en docenas de posiciones aleatorias en los cuerpos de algunas criaturas ancestrales antes de que una apareciera en la mejor posición para tener prioridad sobre todas las demás mediante la selección natural?

Además, ¿cuáles son las posibilidades de que un bebé, nacido con esta vejiga milagrosa completamente formada en el lugar correcto y un sistema nervioso modificado y cerebro para acompañarla crezca, y se aparee con alguien que tenía una vejiga milagrosamente formada en el lugar correcto al mismo tiempo, para que puedan transmitir una desviación genética a sus hijos? Especialmente, dado que las vejigas masculinas y femeninas son diferentes y están ubicadas en distintos lugares? Un hombre mutado no podía pasarle las instrucciones para hacer la vejiga a su hija, ni una mujer mutada se las podía pasar a su hijo.

Es más fácil creer que Dios hizo el mundo en seis días que las vejigas podrían haber existido por casualidad.

(v) Las mutaciones pequeñas no son ventajosas para la supervivencia

Un argumento similar se aplicaría a casi todos los miembros del cuerpo de cada criatura. Las plumas de un pájaro le dan una oportunidad adicional de sobrevivir a los depredadores solo cuando se han vuelto funcionales para que pueda volar. Los pasos intermedios hacia el desarrollo de las plumas no le dan a un prepájaro ninguna ventaja de supervivencia y, en realidad, reducen sus posibilidades de escapar de un depredador al agregarle un peso inútil o al perjudicar las extremidades anteriores que de otro modo serían funcionales.

Tales consideraciones exponen el talón de Aquiles en la teoría de Darwin sobre que la vida tal como la conocemos se desarrolló como resultado de la «selección natural de variaciones pequeñas, aleatorias y heredadas que aumentaron la capacidad de cada individuo para competir, sobrevivir y reproducirse». Esas variaciones pequeñas, aleatorias y heredadas pueden ayudar con algo que ya existe, como la longitud de un pie, pero las variaciones pequeñas y aleatorias en la dirección de algún órgano nuevo o habilidad nueva nunca pueden aumentar la capacidad de un individuo para competir, sobrevivir y reproducirse hasta que ese algo nuevo esté suficientemente formado y funcional. Más bien obstaculizarán las posibilidades de supervivencia y continuidad de una criatura. De ese modo, excepto posiblemente en el caso de mejoras en los órganos existentes, pequeñas variaciones aleatorias que aumentan la capacidad de un individuo para competir, sobrevivir y reproducirse simplemente nunca ocurrirán. Y si los pequeños pasos intermedios nunca ocurren, entonces el desarrollo eventual de un nuevo órgano funcional al que de otro modo se dirigirían tampoco ocurrirá.

J. B. S. Haldane, un creyente en la evolución, calculó que para que se establezca un nuevo rasgo o variación, las personas que lo posean tendrían que producir al menos un 10 % más de descendencia que aquellos que no lo poseían, como resultado de las ventajas que proporciona.[29] Dado que las pequeñas variaciones nuevas, que son solo un paso en el camino hacia la producción de algo útil, no ofrecen ninguna ventaja, según los cálculos de Haldane, no se establecerán y la mayoría de las veces simplemente desaparecerán en las generaciones posteriores.

Además de todo eso, como lo ilustré en mi analogía de la vejiga, cada habilidad física depende de su funcionalidad en una compleja red de nervios, procesamiento cerebral y producción de hormonas, enzimas y otras cosas especializadas. Por lo tanto, ningún órgano o funcionalidad nuevos pueden surgir al azar a menos que un rango completo de cambios aleatorios se produzca simultáneamente, todos ellos de forma individual sin dar ventaja inmediata a las posibilidades de supervivencia o

---

[29] *The cost of natural selection (El precio de la selección natural).* J.B.S.Haldane, Journal of Genetics 55, pp.511-534, 1957.

La Evidencia del Diseño

reproducción de la criatura, hasta que un día todos se completan y, de repente, comienzan a funcionar en cooperación mutua como si hubieran sido creados el uno para el otro. ¿Qué tan probable es eso?

(vi) La teoría de la evolución no es un hecho: es una religión

El profesor Wolfgang Smith, matemático y filósofo, que no cree que Dios creó todos los tipos originales, escribió, no obstante, lo siguiente:

> *Además, estoy convencido de que el Darwinismo —en cualquier forma— no es en realidad una teoría científica, sino una hipótesis pseudo-metafísica vestida con atuendo científico. En realidad, la teoría deriva su apoyo no de datos empíricos o deducciones lógicas de tipo científico, sino de la circunstancia de que es la única doctrina de orígenes biológicos que puede concebirse con la Weltanschauung [visión del mundo] restringida a la que la mayoría de los científicos sin duda se suscriben.*[30]

Ben Goldacre, cuyo excelente libro *Bad Science* me sugiere que su autor ni siquiera cree en Dios, escribió esta definición de «refuerzo comunitario»:

> *El refuerzo comunitario es el proceso por el cual un reclamo se convierte en una creencia fuerte, a través de la afirmación reiterada de los miembros de una comunidad. El proceso es independiente de si el reclamo ha sido investigado adecuadamente o está respaldado por datos empíricos lo suficientemente significativos como para justificar la creencia de personas razonables.*[31]

---

[30] *The Universe is Ultimately to be Explained in Terms of a Metacosmic Reality* (*El Universo se Explicará en Última Instancia en Términos de una Realidad Metacósmica*). J.W.Smith, cap. 23 del «Cosmos, Bios, Theos», ed. H.Margenau & R.A.Varghese, Open Court Publishing Company, diciembre de 1991.

[31] *Bad Science* (*Mala Ciencia*). B.Goldacre, Fourth Estate, Londres, 2009.

En realidad, se refería a la religión, pero sus palabras son particularmente apropiadas para la teoría de la evolución. Algunos devotos de la evolución lo consideran con casi fervor religioso. Piensa con qué frecuencia la idea de la evolución se ve reforzada por los medios que la mencionan continuamente como si fuera un hecho, a pesar de que es meramente una hipótesis y nadie ha observado nada evolucionando hacia algo nuevo. Piensa cómo se enseña la evolución como una certeza en las escuelas, y cómo la enseñanza de la creación como una posible explicación alternativa de la vida está mal vista o incluso prohibida. Piensa cuán enojados o insultantes se vuelven algunos de los principales defensores del evolucionismo cuando sus puntos de vista son cuestionados públicamente. ¿Sugiere eso que son científicos sin prejuicios que buscan descubrir la verdad, o más bien sugiere que son devotos ardientes de una fe religiosa que no puede enfrentar ningún ataque contra ella, aunque se presente racionalmente?

(vii) El origen de la vida: conclusión

Incluso si no creyera en nada sobrenatural, mi fe nunca podría extenderse para creer en la teoría de la evolución como lo expresaron Darwin y sus sucesores. En el fondo existe la autocontradicción insuperable de que los pequeños cambios aleatorios requeridos en el camino hacia algo mejor no pueden en sí mismos proporcionar ninguna ventaja evolutiva y, por lo tanto, no persistirán a través de la selección natural. Los sistemas inimaginablemente complejos e interactivos que comprenden cualquier órgano vivo funcional no podrían haber evolucionado de la manera aleatoria que propuso Darwin: solo pueden ser el resultado del diseño. Y si hay diseño, hay un diseñador. Entonces, la explicación más racional y probable de nuestra existencia es que hay un Dios que te diseñó y te creó a ti y a mí, y a cualquier otra forma de vida «de acuerdo con sus tipos», tal como lo declara la Biblia.

La Evidencia del Diseño

Y creó Dios los grandes monstruos marinos, y todo ser viviente que se mueve, que las aguas produjeron según su género, y toda ave alada según su especie... animales de la tierra según su género, y ganado según su género, y todo animal que se arrastra sobre la tierra según su especie. Y vio Dios que era bueno.
Génesis 1.21,25 RV

Entonces Dios el Señor formó al hombre de la tierra misma, y sopló en su nariz y le dio vida. Así el hombre comenzó a vivir.
Génesis 2.7

Tú fuiste quien formó todo mi cuerpo; tú me formaste en el vientre de mi madre. Te alabo porque estoy maravillado, porque es maravilloso lo que has hecho. ¡De ello estoy bien convencido!
Salmo 139.13,14

3
La Evidencia de la Resurrección

Escritores contemporáneos

En nuestra búsqueda de evidencia de la existencia de Dios, ahora abandonamos los reinos de la ciencia y nos dirigimos a la historia.

¡Alguien afirmó una vez que las obras de Shakespeare no fueron escritas por William Shakespeare, sino por una persona completamente desconocida del mismo nombre! Esta extraña declaración resalta una verdad: quienquiera que haya escrito las obras, alguien lo hizo, de lo contrario no existirían. Del mismo modo, alguien fue responsable de la enseñanza revolucionaria y poderosamente memorable que se ha registrado como la enseñanza de Jesús de Nazaret, y sería extremadamente extraño si fuera alguien más que Jesús, el carpintero galileo. En realidad, hay más evidencia histórica de que Jesús existió que Julio César, pues durante los sesenta años posteriores a la muerte de Jesús se habían escrito al menos cuatro biografías de su vida, así como veintiún cartas que se referían a él. Además, en los museos y bibliotecas de todo el mundo hay copias antiguas de manuscritos que datan, aproximadamente, de ciento cincuenta años de su muerte, escritos por docenas de personas que se referían a Jesús y su vida, enseñanza, muerte o resurrección.[32]

---

[32] Había un manual del primer siglo para los nuevos cristianos titulado *Dídache* (*la Enseñanza*), y había referencias a Jesús en los escritos de Clemens Romanus, un obispo de Roma que murió en el año 99 d.C. Algunos de los llamados padres de la Iglesia primitiva que escribieron sobre Jesús en el siglo II eran Ireneo, Justino, Marción, Papías, Tatiani Diatessaron y Valentinani.

El historiador judío Josefo, escribiendo sus *Antigüedades de los Judíos* en el año 93 o 94 d.C., mencionó la muerte unos setenta años antes del contemporáneo de Jesús, Juan el Bautista. También mencionó la lapidación hasta la muerte del segundo mártir Cristiano, Santiago, por orden de Ananus ben Ananus, un sumo sacerdote herodiano, en el año 44 d.C. Josefo describió a Santiago como «el hermano de Jesús, que se llamaba Cristo». En todas las versiones conocidas de las *Antigüedades*, Josefo también incluyó el siguiente pasaje:

Ahora había más o menos por esta época [cuando los judíos de Judea eran gobernados por el procurador romano Poncio Pilato] *Jesús, un hombre sabio, si es legal llamarlo hombre, porque era un hacedor de obras maravillosas, un maestro de tales hombres como reciben la verdad con placer. Atrajo a él a muchos de los judíos y muchos de los Gentiles. Él era el Cristo. Cuando Pilato, por sugerencia de los principales hombres entre nosotros, lo condenó a la cruz, los que lo amaron al principio no lo abandonaron; porque se les apareció vivo nuevamente al tercer día; como los profetas divinos habían predicho estas y otras diez mil cosas maravillosas acerca de él. Y la tribu de los cristianos llamados así por él no están extintos en este día.*[33]

La mayoría de los estudiosos creen que Josefo escribió originalmente este pasaje sobre la vida y la muerte de Jesús, pero que algunas partes fueron insertadas más tarde por los cristianos cuando hicieron copias de él. Las partes que hablan sobre la vida y la muerte de Jesús y la creencia de sus primeros seguidores en su resurrección se consideran genuinas.[34]

---

[33] *Antiquities of the Jews* (*Antigüedades de los Judios*). F.Josephus, 18.3.3 §63.
[34] Yo conjeturo que la versión original de Josefo sería esta: «Ahora había más o menos por esta época Jesús, un hombre sabio, un hacedor de obras maravillosas, un maestro de hombres que recibieron la verdad con placer. Atrajo a él a muchos de los judíos y muchos de los Gentiles, que creían que él era el Cristo. Cuando Pilato, por sugerencia de los principales hombres entre nosotros, lo condenó a la cruz, los que lo amaron al

Alrededor del año 112 d.C. el emperador romano Trajano envió a un hombre llamado Plinio para reorganizar los asuntos de la provincia de Bitinia. Bitinia estaba en la Turquía moderna. Plinio le escribió a Trajano pidiéndole su consejo sobre cómo tratar con los cristianos que encontró allí, «porque el contagio de esa superstición ha penetrado no solo en las ciudades, sino también en las aldeas y el campo». Escribió sobre templos romanos casi desiertos, y muy pocos compradores de animales para sacrificar en ellos. Claramente, dentro de los ochenta años de la muerte de Cristo, multitudes de personas creyeron lo que Plinio llamó «una superstición perversa y extravagante», es decir, que Jesús había resucitado de la muerte.

Cinco años después de que Plinio le escribió a Trajano, un autor griego nació: Luciano de Samosata. Llegó a ser conocido como «el Ateo» porque se burló tanto de la filosofía como de la religión. —Se le atribuye la escritura de la primera historia de ciencia ficción del mundo, aunque la ficción en ella superó ampliamente a la ciencia. Titulada *La Verdadera Historia* era una sátira de la *Odisea* de Homero y describió un viaje de ida y vuelta a la luna—. En su biografía de Peregrinus Lucian escribió, de hecho, sobre los cristianos:

Todavía adoran a ese gran hombre, el hombre que fue crucificado en Palestina por traer este nuevo culto al mundo... las pobres almas se han convencido de que son inmortales y vivirán para siempre. Como resultado, no piensan en la muerte, y la mayoría de ellos están perfectamente dispuestos a sacrificarse. Además, su primer legislador los ha convencido de que una vez que dejen de creer en los dioses griegos y comiencen a adorar a ese sabio crucificado suyo y vivan de acuerdo con sus leyes, serán hermanos y hermanas. Entonces,

---

principio no lo abandonaron; porque se les apareció vivo nuevamente al tercer día. Y la tribu de los cristianos llamados así por él no está extinta en este día». Creo que la frase sobre su restauración a la vida en el tercer día fue escrita por Josefo, ya que explica el sorprendente hecho de que los cristianos siguieron creyendo que él era el Mesías incluso después de haber sido crucificado.

tomando esta información por fe, sin ninguna garantía de su verdad, creen en la propiedad común, lo que significa que cualquier aventurero inescrupuloso que venga pronto puede hacer una fortuna con ellos.[35]

En el año 64 DC un gran incendio destruyó la mayor parte de Roma. En general, se creía que el emperador Nerón lo había instigado para reconstruir la ciudad según su propio diseño. Para desviar la culpa, la fijó en los cristianos, que habían estado prediciendo que el mundo terminaría en fuego (2 Pedro 3.10) y que Roma, en particular, sería quemada (Apocalipsis 18.8-10; 19.3). Cincuenta años después del incendio, el historiador romano Tácito describió lo que sucedió:[36]

Para deshacerse del informe, Nerón se impuso la culpa e infligió las torturas más exquisitas en una clase odiada por sus abominaciones, llamadas cristianos por la población. Christus, de quien el nombre tuvo su origen, sufrió la pena extrema durante el reinado de Tiberio a manos de uno de nuestros procuradores, Poncio Pilato... En consecuencia, primero se hizo un arresto de todos los que confesaron; luego, según su información, se condenó a una inmensa multitud, no tanto por el delito de incendio provocado, sino por el odio a la raza humana... Cubiertos con las pieles de las bestias, fueron desgarrados por perros y perecieron, o fueron clavados en cruces, o estaban condenados a las llamas...

Entonces, dentro de solo cuarenta y cinco años de la muerte de Cristo, ¡ya había «una inmensa multitud» de cristianos a casi mil millas de distancia en Roma! Algo equivalente a una bomba nuclear histórica debió explotar para hacer que tanta gente creyera tan firmemente que Jesucristo había vencido la muerte,

---

[35] Citado en *Lucian: Satirical Sketches* (*Luciano: Bocetos Satíricos*). Traducido por P. Turner, The Penguin Classics, Penguin Books, 1961, p.11.
[36] *Annals*. Tácito, XV.44.2-8.

hasta el punto de que estaban dispuestos a perder la vida en lugar de negarlo.

Estos extractos son solo parte de la gran cantidad de evidencia histórica de la existencia de Jesús como maestro en Palestina, quien fue crucificado y, sin embargo, fundó un movimiento masivo de personas que creían que había regresado de la muerte. ¿Qué podría haber persuadido a tanta gente a creer esto, incluso a riesgo de arresto y muerte, si realmente no sucediera?

El relato de la Biblia

Comencemos repasando algunos de los eventos clave en la historia original, según lo informado por cuatro de los propios seguidores de Jesús: Mateo, Marcos, Lucas y Juan. Estos hombres fueron responsables de escribir los «Evangelios», los primeros cuatro libros de la segunda parte de la Biblia, la parte que se conoce como el Nuevo Testamento. Los cuatro Evangelios cuentan la historia de la vida y la enseñanza de Jesús.

Mateo y Juan fueron dos de los doce «discípulos» de Jesús, hombres que dejaron su trabajo para estar con él durante los dos años de su ministerio de enseñanza.

Marcos era el hijo de una familia que ayudó a mantener a Jesús. Se convirtió en un amigo cercano del principal discípulo de Jesús, Pedro, de quien obtuvo gran parte de su información. Pedro mismo escribió dos cartas que están en el Nuevo Testamento.

Lucas era un médico e historiador educado que había seguido los acontecimientos relacionados con la vida y el ministerio de Jesús desde el principio, y decidió poner por escrito lo que había aprendido. Sus fuentes parecen haber incluido a María, la madre de Jesús (Lucas 1.1-4).

Pablo. Mientras estoy haciendo presentaciones, debo mencionar a Pablo. Pablo —o Sha'ul, como se lo llamó originalmente— era un devoto erudito judío. En un principio no creía que Jesús era el Mesías judío prometido ni que había resucitado de los muertos, por lo que organizó el arresto y la muerte de algunos de los primeros creyentes por decirle a la gente que Jesús era el Hijo de Dios. Pero entonces, Jesús se apareció milagrosamente a Pablo de una manera tan convincente que Pablo se convirtió en el primer misionero en el mundo no judío (Hechos 9.15). Pablo escribió algunas cartas importantes a las iglesias que fundó, varias de las cuales forman parte del Nuevo Testamento.

En los Evangelios, algunos detalles de los cuatro relatos de la muerte y resurrección de Jesús difieren, como suele ser el caso con los testigos de hechos reales, pero en todos los puntos principales están de acuerdo.

Los líderes judíos en Jerusalén decidieron que Jesús debía morir. En algunas de sus predicaciones, Jesús parecía estar reclamando su igualdad con Dios y la gente le creía. Además de su indignación por esto, las autoridades judías temían que él pudiera encabezar un levantamiento popular contra los romanos gobernantes, que sabían que habría terminado en un desastre.

Tarde, un jueves por la noche, después de que Jesús y sus discípulos habían cenado juntos por última vez y había llegado la oscuridad, los sacerdotes lo arrestaron. Llevaron a cabo un «juicio» durante la noche. El sumo sacerdote exigió: «*Dinos si tú eres el Mesías[37], el Hijo de Dios*». Jesús respondió, «*...ustedes van a ver al Hijo del hombre sentado a la derecha del Todopoderoso, y venir en las nubes del cielo*», claramente refiriéndose a él mismo (Mateo 26.63,64) [38]. El sumo sacerdote interpretó esto como una

---

[37] «El Cristo» o «el Mesías» significaba literalmente «el ungido» o «el elegido». Según las profecías del Antiguo Testamento, los judíos habían creído durante generaciones que un día Dios enviaría a un libertador ungido para liberar a su nación y establecer un reino de justicia.

[38] En realidad, Jesús se estaba refiriendo a un pasaje en el capítulo 7 del libro de Daniel del Antiguo Testamento, en el que Daniel tuvo una visión de un «hijo del hombre» en las nubes del cielo al que Dios le dio autoridad para

blasfemia, que en la ley judía conllevaba la pena de muerte. Pero la ley romana no permitía a los líderes judíos matar a nadie. Temprano, a la mañana siguiente, despertaron al procurador romano, Poncio Pilato, y le dijeron que Jesús había estado provocando una rebelión. Después de un interrogatorio poco concluyente, Pilato fue persuadido por los gritos desenfrenados de la mafia de alquiler del sumo sacerdote, quienes se encontraban fuera de su palacio, para entregar a Jesús y que fuera crucificado, el castigo romano habitual en ese momento para los delincuentes graves.

Después de ser azotado hasta el punto del agotamiento, llevaron a Jesús para ser crucificado en compañía de otros dos criminales. La crucifixión fue pública, con numerosos testigos, y supervisada por un centurión romano que fue asistido por varios soldados.

El cuerpo de Jesús estaba sujeto a una cruz de madera con grandes clavos que los soldados le hundieron en las manos.[39] Él oró: «*Padre, perdónalos, porque no saben lo que hacen*» (Lucas 23.34).

Alrededor de las 3:00 p.m. los líderes judíos le pidieron a Pilato que ordenara que se rompieran las piernas de los delincuentes para acabar con ellos y poder descolgar sus cadáveres. Esto se debía a que al anochecer comenzaría un sabbat judío, y era muy especial cuando celebraban el escape de sus antepasados de Egipto. No querían que se estropeara con la visión de aquellos cadáveres. Pilato estuvo de acuerdo, pero cuando los soldados descubrieron que Jesús ya estaba muerto, uno de ellos le clavó una lanza en el costado en lugar de romperle las piernas. El discípulo Juan, que estaba observando, vio sangre y agua salir del costado de Jesús.

Por la noche, dos simpatizantes, un hombre rico llamado José y un líder judío llamado Nicodemo, se unieron y obtuvieron el permiso de Pilato para enterrar el cuerpo de

---

gobernar sobre todas las naciones por la eternidad. Los gobernantes judíos habrían entendido perfectamente que Jesús decía ser esta persona.

[39] No es seguro si los clavos atravesaron las manos o las muñecas de Jesús, ni cómo se apoyó el resto de su cuerpo.

Jesús. Lo envolvieron en lienzos y lo colocaron en una cueva que José había excavado previamente de la roca en su jardín, presumiblemente con el fin de enterrar a la familia. Juan nos dice que usaron cien libras de especias para embalsamar el cuerpo, pero los otros tres escritores parecen contradecir esto.[40]

La cueva se cerró, por seguridad e higiene, por medio de una piedra parecida a una de molino gigante que probablemente había sido diseñada para rodar a través de la entrada. Era demasiado pesada para que tres mujeres la movieran más tarde.

El día siguiente era sábado, el día de descanso sabbat. No obstante, a primera hora de la mañana, los gobernantes judíos fueron a Pilato y le pidieron que arreglara la tumba para protegerla. «*Señor —dijeron—, recordamos que aquel mentiroso, cuando aún vivía, dijo que después de tres días iba a resucitar. Por eso, mande usted asegurar el sepulcro hasta el tercer día, no sea que vengan sus discípulos y roben el cuerpo, y después digan a la gente que ha resucitado*» (Mateo 27.63,64). Pilato designó una guardia inicial de soldados para sellar la piedra y que se supiera si alguien la abría posteriormente. Dado que los soldados fueron responsables ante Pilato por asegurarse de que el cuerpo no fuera robado, ¡es seguro que primero habrían comprobado que todavía estaba dentro! Luego se estacionaron en guardia.

---

[40] Según el relato de Juan, José y Nicodemo, primero ataron el cuerpo con telas de lino y aproximadamente cien libras de peso de mirra y aloe, momificando de forma efectiva el cuerpo. Según los relatos de Mateo y Lucas, José simplemente lo envolvió en un sudario de lino limpio y lo depositó en su cueva mientras al menos dos de las mujeres lo miraban. Lucas nos dice que luego fueron y prepararon especias y ungüentos antes de que comenzara el atardecer de aquel sábado, y Marcos y Lucas nos dicen que aparecieron a primera hora del siguiente domingo por la mañana cuando el sábado —día de descanso— había pasado con sus especias para ungir el cuerpo, lo cual todos sugieren que esto aún no se había hecho. Entonces, o bien las mujeres querían agregar sus propias especias como un tributo personal a su maestro, o bien los dos hombres tenían las especias como se indica, pero en realidad no tenían tiempo para prepararlas y usarlas antes de que comenzara el sábado. Claramente hay alguna discrepancia entre los distintos reportes.

La Evidencia de la Resurrección

Al amanecer del domingo, cuando terminó el día de descanso, tres de las mujeres que estaban entre los seguidores de Jesús y habían presenciado su crucifixión y el lugar de su entierro aparecieron con sus propias especias. Discutían qué hacer con la piedra cuando, para su sorpresa, descubrieron que ya había sido retirada. No había señales de los soldados, y la cueva estaba vacía. Fueron y les dijeron a los discípulos varones de Jesús que el cuerpo de Jesús se había ido, pero los hombres no las creyeron.

Sin embargo, Juan nos dice que él[41] y Pedro corrieron hacia la tumba, miraron dentro y solo vieron la ropa de la tumba en dos pilas ordenadas: el sudario y un paño separado para envolver la cabeza.

María Magdalena regresó sola a la tumba y en una escena conmovedora se encontró con Jesús vivo en el jardín. Ella informó a los discípulos que había «visto al Señor». Ellos tampoco la creyeron.

Mientras tanto, algunos de los soldados informaron a los principales sacerdotes lo que había sucedido. Los soldados aceptaron un soborno para difundir la historia de que se habían quedado dormidos y que los seguidores de Jesús habían aprovechado la oportunidad para robar el cuerpo.

Esa tarde, dos discípulos no identificados estaban caminando hacia una aldea cercana cuando Jesús se unió a ellos en el camino, pero no lo reconocieron de inmediato. Cuando le dijeron lo tristes que estaban porque sus esperanzas de un salvador nacional se habían desvanecido por la muerte de Jesús, los reprendió por su incredulidad. «*Luego se puso a explicarles todos los pasajes de las Escrituras que hablaban de él*» (Lucas 24.27), explicando cómo se había predicho la muerte del Mesías como algo necesario en el Antiguo Testamento. Lo persuadieron para que se uniera a ellos para comer y pasar la noche juntos.

---

[41] Juan no se identifica por su nombre, sino que se lo conoce como «el otro discípulo, a quien Jesús amaba». Los eruditos generalmente toman eso como el mismo Juan.

Cuando él dio gracias a Dios por su comida, de repente se dieron cuenta de quién era e inmediatamente desapareció. Se apresuraron a regresar a Jerusalén en la oscuridad para contar a los otros discípulos la sorprendente noticia: Jesús estaba vivo nuevamente.

Encontraron a los otros discípulos, hombres y mujeres, en una habitación con las puertas cerradas y presumiblemente bloqueadas, «*por temor a los judíos*». Los otros discípulos les dijeron que más temprano en el día Jesús se le había aparecido a Pedro. Y siendo Pedro un hombre, todos le habían creído. Los dos discípulos informaron que habían conocido a Jesús en el camino a Emaús.

Entonces, Jesús se materializó entre todos ellos, sorprendiéndolos y asustándolos. Para demostrar que él no era el fantasma que pensaban que debía ser, mostró las heridas en sus manos y costados y les dijo que sintieran su carne y huesos. Luego se comió un poco de pescado asado que le dieron como prueba adicional de que era real. Nuevamente explicó cómo su muerte y resurrección se habían predicho en la ley de Moisés, los profetas y los salmos, es decir, en las tres partes del Antiguo Testamento[42] (Lucas 24.44).

El discípulo Tomás no estaba con ellos, así que cuando le dijeron que se habían encontrado a Jesús vivo, él fue naturalmente escéptico. «*Si no veo en sus manos las heridas de los clavos, y si no meto mi dedo en ellas y mi mano en su costado, no lo podré creer*», dijo (Juan 20.25). Una semana después, Jesús reapareció ante los discípulos, y esta vez Tomás estaba con ellos. Jesús le

---

[42] En el tiempo de Jesús La Ley (Torah) incluía los cinco libros del Pentateuco (Génesis, Éxodo, Levítico, Números, Deuteronomio). Los Profetas (Nevi'im) comprendían los Antiguos Profetas (Josué, Jueces, 1 y 2 Samuel [contados como un libro], 1 y 2 Reyes [contados como un libro]) y los Últimos Profetas (Isaías, Jeremías, Ezequiel, Los Doce Profetas Menores [contados como un libro]). Los Escritos (Ketuvim) consistían en Salmos, Proverbios, Job, el Cantar de los Cantares, Rut, Lamentaciones, Eclesiastés, Esther, Daniel, Ezra-Nehemías [contados como un libro], 1 y 2 Crónicas [contados como un libro]. Así, había veinticuatro libros en total.

La Evidencia de la Resurrección

dijo a Tomás que pusiera su dedo en las marcas de los clavos y su mano en su costado, luego lo reprendió por su incredulidad. Tomás estaba avergonzado e inmediatamente reconoció a Jesús como «¡*Mi Señor y mi Dios!*» (Juan 20.28).

Jesús se apareció a sus discípulos a intervalos por otros cuarenta días, «*dándoles así claras pruebas de que estaba vivo… y les estuvo hablando del reino de Dios*» (Hechos 1.3), hasta que finalmente los dejó físicamente en su ascensión a los nubes.

Pablo, escribiendo desde Éfeso a la iglesia en Corinto veinticinco años después, dijo que, tras su muerte, Jesús se le apareció a Pedro, luego a los doce, luego a más de quinientos seguidores a la vez, «*la mayoría de los cuales vive todavía…*» (1 Corintios 15.6). Evidentemente, cuando Pablo escribió esa carta, todavía había numerosos testigos de la resurrección de Jesús que podían dar testimonio de la verdad de ello.

El veredicto de la historia

¿Qué nos dicen estas fuentes? En primer lugar, los relatos del Evangelio tienen un sorprendente tono de verdad sobre ellos. Si bien todos están de acuerdo en que Jesús estaba primero muerto y luego completamente vivo, hay algunas contradicciones aparentes en las versiones completas, lo que sugiere que los cuatro escritores no regurgitaban una historia inventada mutuamente, sino que escribían desde su propia experiencia y recuerdos como testigos o la de otros testigos independientes. Sus relatos incluyen como evidencia inicial el testimonio de varias mujeres, incluida María Magdalena, quien había sido prostituta, en un tiempo en que incluso el testimonio de una mujer respetable era sospechoso en un tribunal judío.[43] Los discípulos varones, en particular, se presentan de manera desfavorable, siendo reprendidos varias veces por Jesús por su incredulidad y por no haber captado lo que había estado

---

[43] Rabino Ismael, m. Ned. 11:10. Ver http://www.bible-history.com/court-of-women/women.html, visto en septiembre de 2016.

profetizando acerca de su resurrección antes de morir. En conjunto, la evidencia interna respalda firmemente la conclusión de que los escritores no estaban inventando la historia, sino que simplemente informaban los hechos tal como los conocían.

En segundo lugar, es incontrovertible por la evidencia histórica que informé anteriormente sobre los primeros seguidores de Jesús, quienes creían que había resucitado de entre los muertos. Pedro, predicando en Jerusalén la mañana del día de Pentecostés, quien en el momento de su arresto había negado haber conocido a Jesús, proclamó sin temor:

«Escuchen, pues, israelitas, lo que voy a decir: Como ustedes saben muy bien, Jesús de Nazaret fue un hombre a quien Dios aprobó ante ustedes, haciendo por medio de él grandes maravillas, milagros y señales. Sin embargo... ustedes lo arrestaron y lo mataron, crucificándolo por medio de hombres malvados... Pues bien, Dios ha resucitado a ese mismo Jesús, y de ello todos nosotros somos testigos». Hechos 2.22-24,32

Más tarde, alentando a los Cristianos en Corinto, Pablo escribió, «*Dios, que resucitó de la muerte al Señor Jesús, también nos resucitará a nosotros con él, y junto con ustedes nos llevará a su presencia*» (2 Corintios 4.14). «*...si Cristo no resucitó, la fe de ustedes no vale para nada*» (1 Corintios 15.17). Fue la creencia inquebrantable de los apóstoles en la resurrección de Cristo lo que motivó su predicación y les quitó el temor al arresto y la muerte.

En tercer lugar, estos primeros seguidores de Jesús deben haber obtenido esa creencia de alguna parte. Su propia explicación de dónde la obtuvieron es la única explicación creíble. Para estos, los hechos son:

- Jesús estaba muerto. Toda la evidencia histórica nos dice que fue crucificado bajo la jurisdicción de Poncio Pilato. Nadie sobrevivía a una crucifixión romana, y los soldados

La Evidencia de la Resurrección

de guardia se habrían asegurado de que estuviera muerto antes de liberar su cuerpo para enterrarlo.

- Su cuerpo desapareció. Los discípulos no lo tenían, porque si lo hubieran tenido, sabrían que él aún estaba muerto y no hubieran creído su resurrección. Los gobernantes judíos no lo tenían, porque estaban desesperados por eliminar cualquier creencia en Jesús como el Mesías, y simplemente, con mostrar su cuerpo, hubieran demostrado que estaba muerto. Los romanos habrían hecho lo mismo si lo tuvieran, para reprimir cualquier posible rebelión. Nadie afirmó nunca poseer una reliquia como lo han hecho con muchos santos cristianos. La tumba estaba vacía y el cuerpo había desaparecido.
- Los discípulos de Jesús creyeron. Contra sus propias expectativas, los discípulos de Jesús llegaron a creer que estaba vivo nuevamente. No esperaban verlo vivo, no eran hombres crédulos y no alucinaban. Las alucinaciones no comen pescado, tampoco pueden dar cuarenta días más de enseñanza bíblica que, entre otras cosas, equiparon a Pedro para predicar uno de los sermones más poderosos de la historia. Las apariciones de Jesús ante sus seguidores fueron tan convincentes que estaban dispuestos a dar su vida por testimoniar que volvió a la vida.
- Las personas que no habían sido sus discípulos creyeron. La evidencia en la que basaron su creencia fue tan convincente que en pocas semanas miles de personas en Jerusalén también lo creyeron, incluidos algunos de los sacerdotes judíos (Hechos 2.41; 4.4; 6.7).

Varios abogados respetados y personas más calificadas que yo en el examen de evidencia histórica han llegado a la conclusión de que la única solución que se ajusta a todos los hechos es que Jesús resucitó de entre los muertos.⁴⁴

Frank Morison —su nombre real era Albert Henry Ross— se dispuso a escribir un libro que refutaría la resurrección y terminó convencido de que era verdad. Publicado por primera vez en 1930, *¿Quién movió la piedra?* es una explicación tan perceptiva y convincente de la detección histórica que se ha reimpreso continuamente desde entonces. Una edición ilustrada se publicó en septiembre de 2016.

Sr. Edward Clarke K. C. famosamente escribió:

*Como abogado, hice un estudio prolongado de la evidencia de los eventos del primer día de Pascua. Para mí, la evidencia es concluyente, y una y otra vez en el Tribunal Superior, he asegurado el veredicto sobre evidencia no tan convincente. Como abogado, lo acepto sin reservas como testimonio de hombres veraces sobre hechos que pudieron comprobar.*⁴⁵

El Señor Darling, quien llevó a cabo muchos juicios famosos y fue suplente del Señor Jefe de Justicia de Inglaterra en 1918 y 1919, dijo en una cena privada una noche:

*El quid de la cuestión de si Jesús fue, o no fue, lo que se proclamó a sí mismo, seguramente debe depender de la verdad o no de la resurrección. En ese gran punto, no solo se nos pide que tengamos fe. A su favor como una verdad viva, existe evidencia tan abrumadora, positiva y negativa, objetiva y circunstancial, que ningún jurado inteligente en el mundo podría dejar de emitir un veredicto de que la historia de la resurrección es verdadera.*⁴⁶

---

⁴⁴ Uno de los resúmenes modernos y más completos para la evidencia de la resurrección de Cristo se encuentra en el sitio web remnantreport.com/cgi-bin/imcart/read.cgi?article_id=238&sub=31 en septiembre de 2016.

⁴⁵ En una carta al Rev.E.L.Macassey.

⁴⁶ Citado por Michael Green en *Man Alive!* (*¡Hombre Vivo!*) Inter-Varsity Fellowship, septiembre de 1967. Charles John (Señor) Darling, nació el 6

Y más recientemente, el autor más vendido, Lee Strobel, ha concluido que «la resurrección de Jesucristo es el evento mejor atestiguado del mundo antiguo». [47] Esa es una afirmación convincente de un hombre que fue educado en la Facultad de Derecho de Yale, trabajó como editor legal para el *Chicago Tribune* y fue ateo hasta 1981.

La resurrección como prueba de la existencia de Dios

Pero ¿qué tiene que ver la resurrección de Jesús con una creencia en la existencia de Dios? En primer lugar, como dijo el señor Darling, es la prueba de que Jesús era quien se proclamó ser. Si él fuera simplemente un hombre, un profeta o incluso el mejor maestro que jamás haya vivido, su muerte habría sido su fin. Después de haber declarado, «*El Hijo del hombre va a ser entregado en manos de los hombres, y lo matarán; pero al tercer día resucitará*» (Mateo 17.22,23), un fracaso en volver a la vida habría demostrado que era un hombre gravemente engañado. Pero sí volvió a la vida, y su resurrección de entre los muertos demostró que no estaba engañando y que no era simplemente un hombre.

Cuando él dijo, «*Porque la voluntad de mi Padre es que todos los que miran al Hijo de Dios y creen en él, tengan vida eterna; y yo los resucitaré en el día último*» (Juan 6.40), claramente se proclamó a sí mismo como el Hijo de Dios, y a tener el poder de restaurar la vida de cualquiera que crea en él. La resurrección de Jesús prueba que cuando dijo que era el Hijo de Dios, estaba

---

de diciembre de 1849, fue Juez de Banca de la Reina desde 1897 a 1923. Fue sustituido por el Señor Jefe de Justicia desde 1914 a 1918. El señor Darling hizo este pronunciamiento en una cena privada cuando se estaba discutiendo un libro sobre la resurrección.

[47] *The Case for Christ: A Journalist's Personal Investigation of the Evidence for Jesus.* (*El Caso de Cristo: La Investigación Personal de un Periodista de la Evidencia de Jesús*). L.Strobel, Zondervan. Edición actualizada y ampliada, septiembre de 2016.

diciendo la verdad. *Lo que significa, por supuesto, que Dios era el Padre de Jesús, y si Dios era su Padre, entonces Dios mismo debe existir.* En realidad, es obvio que nadie más que Dios podría haber traído a alguien que estaba tan muerto a tanta plenitud de vida de forma tan milagrosa. La resurrección de Cristo es, por lo tanto, una prueba histórica incontrovertible para cualquiera que tenga una mente abierta de que hay un Dios. Richard Dawkins debe haber sabido esto cuando escribió *El espejismo de Dios.*[48] En el escéptico capítulo titulado «Argumentos para la Existencia de Dios», Dawkins evitó cuidadosamente cualquier mención de la resurrección de Cristo. Su única mención al respecto en el libro fue un comentario pasajero de que la resurrección era un concepto «prestado» de otras religiones existentes, un argumento que se consideraría irrelevante en cualquier tribunal de justicia y no comienza a satisfacer los hechos históricos.[49]

Si deseas leer más sobre la evidencia histórica de la existencia y resurrección de Jesucristo, te recomiendo el libro de Josh y Sean McDowell, *More Than A Carpenter (Más que un Carpintero)*, publicado en 2011 por Authentic Publishing. Es especialmente bueno para jóvenes. Otro mucho más completo que cubre la verdad de la Biblia en su conjunto a la luz del pensamiento moderno es el libro de los McDowell, *Evidence that Demands a Verdict. Life-Changing Truth for a Skeptical World (Evidencia que Exige un Veredicto. La Verdad que Cambia la Vida para un Mundo Escéptico)*, publicado en 2017 por Thomas Nelson. Su objetivo es ser un libro de recursos para las familias.

---

[48] *El espejismo de Dios.* R.Dawkins, traducido del inglés por Natalia Pérez-Galdós, Madrid: Espasa, 2013.

[49] En el capítulo titulado «Argumentos para la existencia de Dios», Dawkins omitió la existencia del universo y el origen de las especies, ninguno de los cuales puede explicarse por medios naturales, y omitió la evidencia histórica de la resurrección de Cristo. Sí incluyó una sección titulada «Experiencia personal», pero todo lo que consideró bajo este título fueron visiones, que descartó como alucinaciones. Por lo tanto, todos los argumentos para la existencia de Dios que he presentado en este libro, Dawkins los ignoró por completo.

Como el Hijo de Dios, Jesús vino a vivir entre nosotros por un corto tiempo para enseñarnos la verdad sobre su Padre. De este modo, Jesús es la única persona que puede decirnos con total autoridad cómo es Dios, cuáles son sus propósitos para nosotros y cuál es su plan para el final de esta era cuando su Hijo Jesús regrese como el Mesías prometido para establecer por fin el eterno reino de Dios. Como un faro que brilla a través de las aguas tumultuosas de los siglos, la resurrección confirma que Jesucristo fue más que una figura influyente de la historia. Lo declara inequívocamente como la Luz del Mundo, el Mesías prometido que está vivo para siempre, el Hijo del Hombre, el Hijo de Dios, y «*el que había de venir*» (Romanos 1.1-4; Mateo 11.3). Por supuesto, si Jesús una vez vivió en la tierra como el Hijo de Dios, puede hacerlo nuevamente.

4
La Evidencia de la Experiencia

Entrando en la carrera

Pasé gran parte de mi primer trimestre como estudiante de ingeniería buscando pruebas intelectuales de la existencia de Dios, sin encontrar ningún argumento racional que me satisficiera. Pero la verdad científica no se basa en argumentos racionales: se basa en hechos verificados por experimentos. La esencia del método científico es idear una teoría para explicar algo y luego realizar un experimento que lo confirme. Cuando Dios, a través de su profeta Malaquías, estaba reprendiendo a su pueblo por traer menos de una décima parte de sus productos para apoyar a los sacerdotes del templo en su trabajo, dijo, «*Traigan su diezmo al tesoro del templo, y así habrá alimentos en mi casa. Pónganme a prueba en eso, a ver si no les abro las ventanas del cielo para vaciar sobre ustedes la más rica bendición*» (Malaquías 3.10). En otras palabras; Dios estaba invitando a su pueblo a ponerlo a prueba, para llevar a cabo un experimento. Así que finalmente decidí yo hacer eso.

Fue una de las decisiones más difíciles que he tomado porque no sabía a dónde me llevaría. Todo lo que sabía era que, si había un Dios que me había hecho, entonces el mejor uso posible que pudiera hacer de mi vida sería descubrir para qué me había hecho y hacerlo. Entonces, un día, con gran temor, me arrodillé y recé: «Oh Dios, todavía no sé con certeza si existes, pero a partir de este momento viviré con la creencia de que sí existes, y haré todo lo que me digas».

Ese fue el día en que Dios comenzó a demostrarme que era real. Estuve lleno de una extraordinaria sensación de paz.

Descubrí que tenía un nuevo amor por otras personas, así como por mí mismo. En la quincena que siguió, Dios respondió a cada petición que le hice en oración, en dos casos de inmediato. Jesús dijo una vez: «*Si alguien está dispuesto a hacer la voluntad de Dios, podrá reconocer si mi enseñanza viene de Dios...*» (Juan 7.17). No he cumplido perfectamente la promesa que le hice a Dios ese día, pero desde entonces, y particularmente cuando he seguido algunas instrucciones claras de él, Dios me ha demostrado, una y otra vez, la realidad de su existencia y su cuidado por mí y mi familia.

Así, la tercera forma en que los cristianos argumentan el caso de la existencia de Dios es desde su propia experiencia personal de él. En este breve capítulo, me gustaría compartir contigo algunas de mis propias experiencias. Espero que esto ayude a explicarte por qué estoy tan seguro de que existe el Dios de la Biblia. Te dije antes que mi familia y yo una vez vivimos en Chile. Fue solo durante dieciocho meses, pero quiero contar por qué y cómo llegamos allí.

«¡En sus marcas!»

En 1967 volví a ser estudiante, esta vez estudiante de teología al comienzo de mi último año de entrenamiento para ser ministro metodista. Me preguntaron si quería trabajar en Gran Bretaña o en el extranjero cuando dejara la universidad. Las ventajas y desventajas de trabajar en el extranjero me parecían igualmente equilibradas, pero deseaba saber lo que Dios quería. Como nunca había recibido una visión u otra guía obvia sobrenatural, lo único que se me ocurrió fue pedirle que se comunicara conmigo a través de la Biblia. Después de la oración, abrí mi Biblia al azar, tanto como pude. Inmediatamente me encontré leyendo este versículo del profeta Jeremías: *«¿Soy un Dios cercano, dice el Señor, y no también un Dios muy lejano?»* (Jeremías 23.23 Mi traducción del inglés). Interpreté que esto significaba que Dios no quería que limitara mi servicio a lugares cercanos: quería que las personas en tierras lejanas lo conocieran también. Encontrar tal verso aparentemente al azar puede no parecerte una evidencia particularmente fuerte de la existencia de Dios, o incluso de su guía. Probablemente piensas que ninguna persona racional basaría todo el curso futuro de su vida en ello. Pero intenta tú mismo abrir la Biblia al azar para obtener una respuesta a la pregunta: «¿Debo servir a Dios en casa o en el extranjero?». Si lo haces cientos de veces, tendrás la suerte de encontrar un solo verso que podría haber sido una respuesta tan pertinente —¡acabo de probarlo otra vez y fallé!—. «Haré todo lo que me digas». Eso es lo que recé el primer día en Bristol. Entonces, mi esposa Ann y yo decidimos que debía solicitar un puesto inicial de tres años en Inglaterra para aprender el oficio, por así decirlo, y luego buscar una cita en el extranjero.

«¡Prepárate!»

En agosto de 1970, un año antes de que finalizara mi primer nombramiento como pastor en Norfolk, organicé una visita a la Sociedad Metodista Misionera. Fue para discutir mi solicitud de estacionamiento en el extranjero al año siguiente. Sin embargo, antes de mi visita a Londres, Ann y yo le pedimos a un pastor mayor, David, que rezara con nosotros sobre el asunto. Nuestra idea fue que debíamos darle a Dios la oportunidad de decirnos a dónde quería que fuéramos si tenía un lugar en particular en mente, pero si él no lo dejaba claro, iríamos a donde la gente de Mission House pensara mejor. Nos alojábamos en una caravana en una granja en un lugar llamado Oby, donde David y yo estaban liderando un campamento de una semana para jóvenes. Tan pronto como los tres comenzamos a orar juntos, Ann vio imágenes vívidas en su mente, como si estuviera mirando un país desde un avión. Había una entrada desde el mar, algunas montañas cubiertas de nieve, un lago, un puente, una ciudad, una escena rural con pajares y gente trabajando. Al parecer, David vio algunas de esas imágenes en su cabeza, porque en un momento él y Ann estaban describiendo la misma escena juntos. Cuando él dijo que pensaba que podría ser Rusia, mi corazón se hundió, porque en ese momento los cristianos en la Unión Soviética estaban siendo encarcelados —quizás todavía lo estén—. Pregunté cómo era la gente y a Ann se le mostró una especie de primer plano. Ella dijo que no eran de África —donde pensé que podríamos ir— ni de India —en lo que ella había pensado alguna vez—, sino que se parecían más a los indios sudamericanos.

Luego ella dijo:

—Es América del Sur.

—¿Cómo lo sabes? —pregunté.

—Puedo ver un mapa de ello —respondió.

La palabra «Chile» vino a mi mente, pero no dije nada en caso de que lo hubiera imaginado. Evidentemente, el mapa se amplió. Debe haber sido como Google Maps, con cuarenta y cinco años de anticipación.

—¡Es Chile! —exclamó ella.

—¿Cómo lo sabes? —cuestioné de nuevo.

—Es un mapa de Chile. Sé cómo es el mapa de Chile.

Describió un viejo tren de vapor, algunos nativos remando una canoa con una vela triangular, y luego algo más preocupante: soldados y carros blindados.

—Creo que Dios nos dice que leamos el capítulo 49 de Isaías —propuso David.

—Tú léelo y nosotros escucharemos —contesté.

David tenía un don especial de Dios. Al aconsejar a las personas, Dios a veces dejaba en su mente una referencia Bíblica, como «Isaías 55.2», por elegir un ejemplo al azar. Sin saber qué contenía el versículo, David lo encontraría, lo leería y preguntaría: «¿Esto significa algo para ti?». Y muchas veces lo hizo, y sería una clave para resolver una situación o un problema personal. Entonces, cuando Dios le dijo que leyera Isaías 49, no recordó de qué trataba. Más tarde nos dijo que cuando le pedimos una vez que rezara con nosotros para trabajar en el extranjero, no creía que debiéramos viajar en absoluto. Entonces, lo que ahora nos leyó debe haberlo tomado por sorpresa.

Debes saber que antes de mi entrada en el mundo, mi madre tuvo dos abortos espontáneos. Entonces, cuando estaba en camino, ella oró para que si viviera pudiera servir a Dios de alguna manera especial —la madre del profeta Samuel hizo una oración similar antes de que él naciera (ver 1 Samuel 1.11)—. También debes saber que Chile está a 12 000 km de Inglaterra, tiene una costa del Pacífico de 4200 km de largo y solo tiene 350 km de ancho en su punto más amplio, por lo que es el frijol más largo del mundo. Se extiende hasta el extremo más meridional de América del Sur en el cabo de Hornos. Aquí hay una parte del capítulo del que David leyó: ¿puedes ver lo relevante que fue?

> *Oídme, costas, y escuchad, pueblos lejanos… dice Jehová, el que me formó desde el vientre para ser su siervo…* «*Poco es para mí que tú seas mi siervo para levantar las tribus de Jacob, y para que restaures el remanente de Israel; también te di por luz de las naciones, para que mi salvación alcance hasta los extremos de la tierra*».
>
> Isaías 49.1,5,6 (Mi traducción del inglés)

Como si eso no fuera suficiente, apenas podíamos creerlo cuando David llegó al versículo 19: «*…será* [demasiado] *estrecha por la multitud de los moradores…*» (Isaías 49.19 RV).

Tan pronto como llegamos a casa fui a la biblioteca pública y saqué un libro sobre el país. En el primer párrafo leí, «Se cree que el nombre de Chile proviene de una palabra Mapuche que significa "el lugar donde termina la tierra" o "el extremo de la tierra"». Las fotografías que mostraba eran como las escenas que Ann había experimentado en nuestro tiempo de oración juntos. Unas semanas después, el 5 de septiembre de 1970, Chile apareció en las noticias con el anuncio de que su gente había elegido un nuevo presidente, Salvador Allende Gossens. Las imágenes de los soldados que se muestran en la televisión eran como las que Ann había visto tres semanas antes. Chile no era Rusia, pero acababa de convertirse en el primer país del mundo en elegir democráticamente a un presidente marxista.

Nuestra visita a la Sociedad Misionera en Londres en septiembre fue una grave decepción. Nos dijeron que no podíamos ir a Chile sin una invitación formal de la iglesia de allí y que la Iglesia metodista británica no tenía contacto con la Iglesia metodista en Chile.

«Ve!»

Pasaron siete años, durante los cuales intenté contactar a la Iglesia metodista chilena y otras treinta y seis sociedades y organizaciones misioneras, todo sin éxito. Finalmente, en diciembre de 1977, recibí una invitación por escrito de un pastor pentecostal chileno para unirme a él y a su parroquia en la ciudad de Puerto Montt. Explicó que el Gobierno chileno aceptaría misioneros extranjeros a tiempo completo solo si recibieran el apoyo financiero total de su congregación o sociedad misionera emisora. Así que le llevé la carta a Pauline Webb, responsable del trabajo de la Iglesia metodista en las Indias Occidentales y —hasta donde existía— en América del Sur. Me dijo que acababa de regresar de Chile, donde el obispo de la Iglesia metodista —a quien había escrito dos o tres años antes sin obtener respuesta— había expresado su deseo de estrechar los vínculos con el metodismo británico. Ella prefirió buscar esa apertura y prometió escribirle sobre mí. En agosto de 1978, a petición nuestra, la secretaria de servicio en el extranjero de la iglesia, Rachel Stevens, organizó una visita que Ann y yo asistiéramos a entrevistas formales para el servicio en el extranjero en octubre, pero «no tenía esperanzas» de que nos enviaran a Chile.

En septiembre pasé un día en ayuno y en oración para orientación. Quería saber qué quería Dios que hiciera una vez que llegáramos a Chile. Dije palabras que confiaba en que el

Espíritu Santo de Dios me daría, tal como lo hicieron los profetas. Las palabras que salieron fueron bastante inesperadas:

Como un maestro artesano hace una llave, y cuando está terminada la coloca en una cerradura, y la puerta se abre sin esfuerzo, así te he hecho y he preparado a ti. Y cuando yo esté listo, abrirás puertas que han estado cerradas por muchos años, y muchos entrarán de ese modo y serán salvados.

En el primero de nuestros dos días de entrevistas, Pauline recibió una llamada telefónica de Juan Vásquez, el obispo metodista de Chile. Le dijo que vendría a Londres el lunes siguiente para las reuniones del Ejecutivo del Consejo Metodista Mundial. Después de consultar con Rachel, Pauline me sugirió que volviera a Londres para encontrarme con él al final de esa semana si el obispo expresaba interés en conocerme. El lunes vino y se fue, y los días pasaron sin ninguna señal de él. Finalmente apareció en Mission House sin previo aviso el jueves por la noche, cuando el edificio estaba más o menos cerrado. El Gobierno chileno no había estado dispuesto a otorgarle una visa para permanecer en Inglaterra por más de veinticuatro horas, y tuvo que tomar un avión a España a la mañana siguiente a las 09:30. Pauline estaba a millas de distancia, pero su secretaria estaba trabajando hasta tarde y escuchó el ligero golpe del obispo en la puerta de la oficina adyacente. Ella lo sentó en la oficina de Pauline y se preguntó cómo contactar a su jefe, porque en esos días no había teléfonos móviles.

Mientras tanto, Pauline conducía a casa por la Calle de Marylebone en Londres. Sintiéndose cansada, se dijo a sí misma: «Si veo un parquímetro vacante al pasar por mi oficina allá, veré si puedo entrar y prepararme una taza de té». Había un medidor libre justo afuera de la puerta principal cerrada. Un cuidador «sucedió» que estaba poniendo algunas botellas de leche vacías fuera de una puerta lateral y la dejó entrar. Al penetrar en su oficina personal, se sorprendió al encontrar al obispo de la Iglesia metodista chilena sentado en su silla. Este reiteró su deseo de una relación más cercana con la Iglesia británica. Pauline señaló mi última carta, que todavía estaba en su escritorio. «Esto es de un ministro metodista que cree que Dios lo ha llamado a él y a su esposa a Chile. Puedes tenerlos si quieres» dijo, ¡o algo parecido!

Entonces, alrededor de las 7:00 p.m. esa tarde recibimos una llamada telefónica frenética en nuestra casa en el norte de Inglaterra, pidiéndome que viaje durante la noche para encontrarme con el obispo, quería que desayunara en su hotel. Llegué a la estación de Euston en Londres a las 2:12 a. m. y pasé el resto de la noche en el departamento de Pauline. Temprano a la mañana siguiente nos dirigimos al hotel. Había un parquímetro gratis fuera de la entrada principal con una hora y cuarto de estacionamiento prepago. No me sorprendió, porque era obvio que Dios estaba orquestando todo. Después de conversaciones detalladas con el obispo durante el desayuno se acordó que Ann y yo, junto con nuestros cuatro hijos, debíamos ser enviados a Chile el otoño siguiente.

Finalmente, nos estacionaron en la ciudad más meridional de América del Sur continental, Punta Arenas. En una conferencia a nivel nacional organizada por la iglesia allí para mujeres metodistas, una pancarta proclamó: «Bienvenidas al Extremolo Postrero de la Tierra».

La línea de llegada

Al final, nuestro ministerio en Chile se vio interrumpido por un grave incendio en la casa y la decisión de la Iglesia metodista británica de terminar nuestra cita en Chile. No obstante, en el poco tiempo que estuve allí pude organizar varios eventos, incluida la primera y probablemente única cruzada evangelística interdenominacional de Punta Arenas.

Como relaté en la Introducción, los oradores de la cruzada fueron dos evangelistas que invité de Inglaterra, Don Double y Mike Darwood. Todos los jefes locales del ejército, la marina, la fuerza aérea y la policía militar del general Pinochet asistieron a la reunión del sábado por la noche en el Teatro Municipal, junto con sus esposas, el jefe de la universidad y el alcalde católico romano de la ciudad, que habían puesto el teatro a nuestra disposición libre y gratis. Una razón para su asistencia podría haber sido la novedad de reunirse con evangelistas ingleses, pero creo que otra razón fue celebrar públicamente la noticia de que el papa había declarado a favor de Chile en una disputa con Argentina sobre tres pequeñas islas chilenas cerca del cabo de Hornos. Los argentinos habían afirmado que eran de ellos. ¡Entonces, ¡la reunión en el teatro comenzó con sinceras oraciones de agradecimiento a Dios por estar del lado de Chile!

Hacia el final de la noche, los dignatarios y todos los demás escucharon testimonios de personas que habían entregado sus vidas a Cristo en las dos noches anteriores, y de algunos que habían sido sanados físicamente por la fe en Jesús. Emiliano Kusanovic, un inmigrante croata de setenta y cuatro años, subió al escenario con una historia increíble. Durante ocho meses no había podido caminar sin dolor severo, porque se había caído de una ventana del primer piso mientras la limpiaba. El viernes por la noche fue ayudado a ingresar a la Iglesia metodista donde se realizaba la segunda reunión de la cruzada. Sentado justo frente a mí, le preguntaron si creía que Jesús lo curaría esa noche. «Sí», respondió.

Mike Darwood luego oró firmemente por la curación de la pierna de Emiliano.

La noche siguiente en el teatro, Emiliano nos contó lo que pasó. No se curó de inmediato, pero cuando trató de levantarse de la cama con cuidado a la mañana siguiente descubrió que no tenía dolor y que podía caminar perfectamente con normalidad. Anunció a la audiencia en voz alta, «¡Ahora desafío a cualquiera en este teatro a caminar mejor de lo que puedo!». Y procedió a caminar sin ayuda por el escenario de un lado al otro y viceversa. El público estalló en vítores. En 2007 una plaza en

Punta Arenas se nombró Plaza Emiliano Kusanovic como un recordatorio de un ciudadano muy respetado.[50]

El alcalde nos dijo después que nunca había sentido la presencia de Dios tan real. Verdaderamente el Señor abrió puertas que de otra manera habrían permanecido cerradas.

Podría contarte sobre otras personas que fueron sanadas como resultado directo de la oración mientras estábamos en Chile, y cómo Dios nos brindó protección, orientación, dinero y otras cosas de manera asombrosa, pero creo que les he dicho lo suficiente como para darte una idea de por qué creo tan firmemente en su existencia. Después de nuestro regreso a Inglaterra, comencé un ministerio para apoyar financieramente a los pastores e iglesias chilenas, así como a ofrecer ayuda a las víctimas de inundaciones, terremotos y volcanes. Chile for Christ Trust se registró como una organización benéfica en 1992 y su trabajo hoy continúa. (www.chileforchrist.org/ - *Chile para Cristo*. Traducción al español disponible.)

---

[50] Al momento de escribir, la historia de Emiliano se puede leer al sitio web laprensaaustral.cl/cronica/el-cacique-de-la-18.

5
Seis Mil Años y Seis Días

Ciencia versus la Biblia

Desde que Galileo, «el padre de la ciencia», fue declarado hereje en 1615 por enseñar que la Tierra gira entorno al sol,[51] ha existido una especie de guerra entre científicos y teólogos, con científicos que, aparentemente, están del lado ganador. Si bien la Biblia no dice específicamente que el Sol gira alrededor de nuestro planeta, parece que los escritores en general vieron la Tierra como descansando sobre cimientos, posiblemente pilares (Isaías 48.13; Salmo 75.3), con el cielo como un dosel general o tienda de campaña (Salmo 104.2; Isaías 40.22). Pero, por supuesto, podrían haber estado hablando poéticamente. Después de todo, a veces nosotros hablamos de «los cuatro rincones de la tierra», y en Gran Bretaña hablamos de Australia como «abajo» cuando astronómicamente no está más abajo que nosotros. Ciertamente, en el Antiguo Testamento, Job declaró que Dios «cuelga la tierra sobre nada» (Job 26.7 RV), y dado que se cree que el libro de Job es el libro más antiguo de la Biblia, esto puede reflejar algún conocimiento antiguo revelado por Dios, pero más tarde olvidado o descartado como algo imposible de creer. De todos modos, difícilmente Job podría haber aprendido de la observación personal que la Tierra estaba suspendida en el espacio. Job también se refiere al ciclo del agua (Job 36.27,28). No hay nada en la Biblia tan ridículo como

---

[51] La Inquisición romana concluyó en 1615 que el heliocentrismo era «tonto y absurdo en filosofía, y formalmente herético ya que contradice explícitamente en muchos lugares el sentido de la Sagrada Escritura».

la creencia en otras escrituras antiguas y el folklore de que el mundo está apoyado en una tortuga marina o tortuga gigante.

Sin embargo, la mayoría, no todos los científicos, están en total desacuerdo con lo que la Biblia enseña sobre los siguientes temas:

1. El origen del universo
2. El origen de la vida
3. La edad de la Tierra
4. La inundación mundial
5. Las edades de los fósiles, rocas y árboles.

Consideramos los dos primeros elementos en el Capítulo 2, y espero haber podido, al menos, convencerte de que ni el universo ni la vida tal como la conocemos podrían haberse originado de la nada por casualidad. Esa es la única forma en que las personas que no aceptan que Dios hizo el mundo sobrenaturalmente pueden explicar su existencia, y sus explicaciones no funcionan.

Pero los científicos parecen tener pruebas de que la tierra, los fósiles, las rocas y los árboles son mucho más antiguos de lo que la Biblia implica, y en general no creen en la posibilidad de una inundación mundial como lo describe la Biblia.

Así que en este capítulo veremos la edad de la Tierra y cuánto tiempo se tardó en hacer, y veremos los puntos 4 y 5 en los capítulos siguientes.

¿Por qué seis mil años?

De acuerdo con la Biblia hebrea, en la que se basan la mayoría de las traducciones del Antiguo Testamento, el mundo comenzó solo unos cuatro mil años antes de que Cristo naciera. La fecha ampliamente citada de 4004 a.C. para la creación del mundo calculada por James Ussher, ex arzobispo de Irlanda, es solo una de las muchas fechas que la gente ha resuelto, pero esas basadas en la Biblia hebrea son bastante similares. El artículo de la Wikipedia inglesa *Dating création* (*Fechando la creación*) enumera veinticinco cálculos realizados por personas tan famosas como Isaac Newton, Martín Lutero y el astrónomo Danés Johannes Kepler. Van desde 4194 a.C. hasta 3616 a.c., con una fecha promedio de 3946 a.c.

Aquí hay un método relativamente simple en el que me di cuenta que se puede hacer el cálculo. El libro de Génesis nos dice cuántos años tenía Adán cuando nació su hijo, Seth, y luego registra cuidadosamente la edad del padre cuando cada hijo mayor sucesivo nacía hasta el año en que los israelitas se establecieron en Egipto (Génesis 47.7-9). Por las veintidós generaciones, esto da un total de 2238 años desde la creación de Adán hasta el asentamiento en Egipto. A esto hay que agregar otros once, porque cuando la Biblia dice, por ejemplo, que Adán tenía ciento treinta años cuando nació Seth, podría haber tenido cualquier edad desde exactamente ciento treinta hasta ciento treinta años más 364 días, en otras palabras, medio año mayor en promedio de lo que dice la Biblia. Esto nos da veintidós generaciones x 0,5 = 11 años adicionales, lo que hace 2249 años en total. Éxodo capítulo 12 versículo 40 luego dice que los hebreos estuvieron en Egipto durante cuatrocientos treinta años hasta el tiempo del Éxodo, llevándonos a 2679 años desde la creación hasta el Éxodo.

El faraón más probable en el momento del Éxodo es Ramsés II. Se sabe que Ramsés se involucró en grandes proyectos de construcción, para lo cual habría necesitado muchos esclavos. Su trabajo de construcción incluyó las ciudades de Pi-Atum y su nueva capital Pi-Ramesses en el este del delta del Nilo. Estos corresponden a las ciudades de Pitón y Ramesés, en Éxodo 1.11 se nos dice que los hebreos construyeron. De hecho, Números 33.3,5 nos dicen que vivieron en Ramesés, que tiene que haber sido el mismo lugar a pesar del cambio de ortografía.

Finalmente, se cree que el hijo mayor del faraón Ramsés, Amenhirwenemef, murió veinticinco años después de que su padre comenzó su largo reinado,[52] y si conoces la historia bíblica, recordarás que el hijo mayor de todas las familias egipcias, incluida el del faraón, murieron la noche del Éxodo (Éxodo 12.29; Números 33.4). Fue la muerte de su hijo lo que finalmente persuadió al faraón de la Biblia de permitir que Moisés y todo su pueblo salieran de Egipto.

Los egiptólogos difieren en sus estimaciones del año en que Ramsés II comenzó su reinado, pero el consenso de la mayoría de los estudiosos es 1279 a.C.[53] Agregar veinticinco años a esto da una posible fecha de 1254 a.C. para el Éxodo en la noche en que murió el primogénito del faraón. Es decir, 1254 + 2679 nos lleva de vuelta a 3933 a.C. para la fecha en que se creó el mundo, siempre que:

- los registros Bíblicos estén completos y correctos,
- el faraón del Éxodo haya sido Ramsés II, y
- los egiptólogos hayan acertado en la fecha de la muerte del hijo de Ramsés.

La fecha de 3933 a.C. está muy cercana a 3928 a.C., derivada del famoso cartógrafo del siglo XVI Gerardus Mercator. Ussher mismo rastreó las fechas bíblicas más allá del Éxodo hasta 584 a.C., cuando se sabía que la deportación final de los judíos a Babilonia tuvo lugar bajo el rey Nabucodonosor, pero parece haber cometido varios errores.[54]

---

[52] *The Complete Royal Families of Ancient Egypt* (*Las Familias Reales Completas del Antiguo Egipto*). A.Dodson & D.Hilton, Thames & Hudson Ltd, 2010, p.170. Amenhirwenemef fue enterrado en la tumba KV5 en el Valle de los Reyes.

[53] *The Complete Royal Families of Ancient Egypt*. Como anteriormente, p. 291.

[54] http://www.answersingenesis.org/articles/am/v1/n1/world-born-4004-bc. Ver también el artículo de Wikipedia «Calendario de Ussher-Lightfoot». A pesar del asombroso conocimiento de Ussher de la Biblia, los idiomas bíblicos, la historia antigua, los calendarios antiguos, la astronomía y la cronología, cometió tres errores conocidos. Probablemente estaba tratando de llegar a una fecha de creación de cuatro

Hay que admitir que existe un problema histórico con todas esas cronologías. Según la Biblia, la primera dinastía egipcia debe haber sido fundada después del diluvio, porque durante el diluvio todos, excepto Noé y su familia, se ahogaron. No obstante, la fecha más comúnmente aceptada de 3150 a.C. para el comienzo de la primera dinastía egipcia fue 873 años *antes* de la fecha de la inundación, según los cálculos anteriores. Profundizaré más en esta pregunta en el Capítulo 6.

En cualquier caso, está claro que, según la Biblia, todo el universo tiene solo unos seis mil años. En contraste, la mayoría de los científicos creen que el universo comenzó hace 13 700 millones de años. Una serie de mediciones científicas y cálculos matemáticos pueden demostrar esto, y generalmente están de acuerdo entre sí. Probablemente no haya nada malo con la mayoría de ellos, excepto por una cosa: todos dependen de la suposición de que el universo *no* fue creado sobrenaturalmente.

¿Natural o sobrenatural?

Explicaré lo que signifiqué al hacerte una pregunta. ¿Cómo sabes que todo no fue creado ayer? Puedes responder que no pudo haberse creado ayer, porque puedes recordar cosas que hiciste el día anterior. Podrías mostrarme fotos tuyas cuando naciste. O una foto de tu abuelo en uniforme de soldado proponiéndole matrimonio a tu abuela en el muelle de Brighton al final de la Segunda Guerra Mundial. Pero pregunté, ¿cómo sabes que *todo* no fue creado ayer? Todo incluye evidencia histórica e incluso los recuerdos en su mente. Si *todo* se creó ayer, la evidencia parecería probar que el mundo era mucho, mucho más antiguo, pero toda la evidencia estaría equivocada. Si todo no tuviera más de un día, simplemente no lo sabríamos.

---

mil años antes del nacimiento de Cristo, lo que supuso que había sido en el año 5 a.C.

Dios, la Ciencia y la Biblia

Naturalmente, no estoy sugiriendo que realmente solo tengamos un día. Pero supongamos que el relato bíblico de la creación es verdadero, quiero decir, literalmente verdadero. Supongamos que Dios hizo los cielos y la tierra, los árboles, las plantas, los animales, los peces, las aves, los insectos y el primer hombre y mujer en seis días, como nos dice la Biblia. Y supongamos que pudieras regresar en una máquina del tiempo al séptimo día cuando todo acababa de hacerse y todo era brillantemente nuevo. Todo brillantemente nuevo y *real*. Si pudieras separar a Adán y Eva por un minuto y examinar a Adán, probablemente asumirías que tenía unos treinta años. Si fueras dentista, podrías probar con sus dientes que debe tener esa edad. Pero estarías equivocado. Si fueras un científico de la madera, podrías examinar uno de los árboles reales en el Jardín del Edén, tomar una muestra del núcleo del tronco, contar el número de anillos de crecimiento anuales y concluir que tal vez tenía cien años. No habría nada de malo en tu conclusión, suponiendo que el árbol hubiera crecido naturalmente a partir de semillas. Pero debido a que esa suposición sería incorrecta, tu conclusión sería también incorrecta. Si fueras un astrónomo y existiera suficiente espacio dentro de la máquina del tiempo para los instrumentos necesarios, podrías determinar la distancia de algunas de las estrellas. Podrías encontrar uno a diez mil años luz de distancia y concluir que debe tener al menos diez mil años para dar tiempo a que su luz llegue a la Tierra. Pero si se hubiera hecho sobrenaturalmente solo tres días antes, incluso tú estarías equivocado. Te equivocarías porque *asumiste* que se había hecho de forma natural en lugar de sobrenaturalmente.

Por lo tanto, todas las mediciones y deducciones científicas que conducen a una edad muy avanzada para el universo deben comenzar con la declaración: «Suponiendo que el universo no fue creado sobrenaturalmente...».

Sin embargo, en la Biblia, Dios nos dice constantemente que él realmente hizo el universo sobrenaturalmente. Lo hizo de la nada por medio de su palabra.

Entonces Dios dijo: ¡Que haya luz! Y hubo luz.

Génesis 1.3

Por la palabra de Jehová fueron hechos los cielos, y todo el ejercito de ellos por el aliento de su boca... Tema a Jehová toda la tierra; ¡teman delante de él todos los habitantes del mundo! Porque él dijo, y fue hecho; él mandó, y existió.

Salmo 33.6,8,9 RV

Por fe sabemos que Dios formó los mundos mediante su palabra, de modo que lo que ahora vemos fue hecho de cosas que no podían verse.

Hebreos 11.3

Comprender lo sobrenatural

Algunas personas, incluso aquellos que creen en una creación reciente, le dirán que Dios no habría creado el primer árbol con cien anillos de crecimiento porque los anillos de crecimiento se habrían formado solo si hubiera crecido de manera natural. Pero esto es para entender mal lo que Dios hizo. Él no creó sobrenaturalmente un árbol *sobrenatural*. Creó, de forma sobrenatural, un árbol *natural*, con raíces que se hundió en el suelo y solo pudo haber tardado años en desarrollarse de forma natural, con un tronco tan ancho que debió haber tardado cien años en crecer naturalmente, con anillos que solo pudo haber aparecido después de cien años de crecimiento, un árbol completamente natural del cual cada parte tenía solo cuatro días. Tenía que ser idéntico en todos los sentidos con el mismo tipo de árbol que crece hoy, aunque solo sea para contener la información genética necesaria para producir otro árbol normal. No sé mucho sobre genética, pero supongo que habría sido difícil para un árbol sin anillos de crecimiento haber producido naturalmente un tipo diferente de árbol que los tuviera.

El mismo argumento es válido para la luz de las estrellas. Si Dios hiciera una estrella madura a diez mil años luz de la Tierra y su luz no llegara a esta, no sería una estrella natural. Pero fue una estrella y un universo naturales que Dios hizo, completo en todos los sentidos, funcionando 100 % naturalmente en todos los aspectos.

Dado que, en consecuencia, tantas mediciones del cosmos parecen demostrar que el universo es mucho más antiguo de lo que la Biblia nos dice que es, uno podría preguntarse: «¿Dios nos engañó deliberadamente?». La respuesta es: «No, él no intentó engañarnos. Lo que hizo parece ser muy viejo porque no había otra forma de hacerlo. Un verdadero hombre o mujer completamente crecido inevitablemente parecerá tener treinta años o más; inevitablemente, un verdadero roble completamente crecido parecerá tener cien años o más; y un universo real completamente formado tiene que parecer tener miles de millones de años o no sería un universo natural. Es un universo natural que Dios ha creado. Dios no intentó deliberadamente engañarnos. No tenía otra forma de hacerlo».

No es una Tierra joven después de todo: ¡tiene seis mil años!

En el Capítulo 2 expliqué por qué el universo y la vida tal como la conocemos solo podrían haber sido creados de forma divina. Ahora vemos que siempre que esto ocurriera, el universo inevitablemente parecería ser mucho más antiguo de lo que realmente es. La única forma en que podríamos saber cuántos años tiene realmente el universo sería si el Dios que lo creó nos lo dijera. Y nos lo ha dicho. Nos lo ha dicho en la Biblia.

No siempre creí que el mundo comenzó tan recientemente. Fue cuando leí el excelente pequeño libro de David C. C. Watson, *The Great Brain Robbery*[55], que mi visión del mundo giró

---

[55] *The Great Brain Robbery* (*El Gran Robo del Cerebro*). D.C.C.Watson, Henry E.Walter Ltd, 1975.

ciento ochenta grados y me di cuenta de que la Biblia tenía que ser verdad. El libro trata principalmente de la teoría de la evolución, y entre los argumentos en contra de esta teoría, uno que me convenció particularmente fue la evidencia masiva de que los lenguajes humanos se han deteriorado a lo largo de los siglos, todo lo contrario de lo que habría ocurrido si la teoría de la evolución hubiera sido cierta. Sin excepción, cuanto más antiguo es un idioma, más compleja es su gramática. ¡Los indios wintu de California, por ejemplo, tenían cinco formas diferentes de sus verbos para distinguir si un enunciado era un rumor, un resultado de la observación directa, o si se había inferido de alguna manera con tres posibles grados de plausibilidad! ¡Imagínese escuchar un caso judicial llevado a cabo en Wintu![56] Como Watson escribió:

> *Todos saben que el latín es mucho más difícil que el inglés: casos, géneros, estados de ánimo, voces, terminaciones personales y sintaxis precisa. El griego [antiguo], quizás 600 años mayor que el latín, es aún más difícil; y cuando llegamos al sánscrito védico alrededor del año 1500 a.C., la complejidad es casi increíble.*

Si bien todo esto es totalmente incompatible con la teoría de la evolución, es tal como esperaríamos si Dios instalara las versiones originales y perfectas de los idiomas humanos en los cerebros de las personas en la Torre de Babel, como nos dice la Biblia.

Lejos de desarrollarse desde gruñidos a la gramática como lo requiere la teoría evolutiva, los hechos demuestran que el lenguaje humano se está deteriorando desde la gramática a los gruñidos. ¿Cuántos hispanohablantes, por ejemplo, todavía usan y entienden el pretérito perfecto, el pasado perfecto, el futuro perfecto y el condicional perfecto del subjuntivo? En varios idiomas europeos parece que eventualmente perderemos

---

[56] *Customs and Culture* (*Costumbres y Cultura*). E.A.Nida, Harper and Brothers, Nueva York, 1954.

las formas singulares de verbos en tercera persona, p. ej. «él hace, ella hace», porque cada vez más la gente dice simplemente «lo hacen». Cuando esa práctica se vuelva universal, ya no sabremos si alguien está hablando de una persona o de muchas, hombres o mujeres.

Leer el libro de David fue cuando cambió mi propia visión del mundo. Creí —realmente creí al fin— que Dios creó la Tierra y la vida sobre ella tal como la Biblia dice que lo hizo. Y tan pronto como creí eso, me ocurrieron dos cosas. Primero, entendí por primera vez qué trabajo increíble hizo Dios cuando diseñó el mundo y lo creó de la nada, con todas las innumerables especies de vida que lo habitan. En segundo lugar, me di cuenta de que si Dios realmente creó nuestro planeta no hace mucho tiempo, como nos dijo que hizo, entonces puede volver a hacer lo mismo en un futuro no muy lejano, tal como prometió que lo haría. Porque las dos creencias están inextricablemente unidas. Si no puedes creer que Dios creó esta tierra presente sobrenaturalmente como dijo que lo hizo, ¿cómo puedes creer que creará sobrenaturalmente una tierra nueva y más perfecta como dice que hará? O si crees que va a crear una nueva, ¿por qué demonios no puedes considerar como cierto que creó la presente así, especialmente cuando toda la evidencia que hemos examinado respalda esto?

Los seis días de la creación

Hay un asunto que preocupa a muchos teólogos que creen más en la ciencia convencional que en la Biblia. No se puede escapar al hecho de que el primer capítulo de la Biblia dice que Dios hizo todo en seis días literales, no en seis largos períodos de tiempo indeterminados. Entonces, una vez más, la historia de la Biblia choca con lo que la mayoría de los científicos creen.

La traducción Reina Valera, que aquí es correcta, versículo 5 del capítulo 1 de Génesis, define su uso de la palabra «día». Dice, «*Y llamó Dios a la luz Día, y a las tinieblas llamó Noche*».

Entonces, «día» se define como el período cuando está claro y «noche» cuando está oscuro. Algunas personas sugieren que cada «día» de creación se mantuvo durante un largo período de tiempo indeterminado. Pero el resto del capítulo 1 de Génesis define aún más cuidadosamente lo que significa la palabra «día». Después de cada día de la creación, dice: «*Y fue la tarde y la mañana un día*». Los judíos todavía creen que cada nuevo día comienza en la tarde al atardecer. El escritor, evidentemente, explicaba de una manera que nadie podía malinterpretar que estaba hablando de seis días literales de veinticuatro horas.

Cuando Dios luego le dio a su pueblo los Diez Mandamientos, les dijo que trabajaran seis días a la semana y que descansaran cada séptimo día porque eso fue lo que había hecho cuando creó el mundo. Si realmente hubiera tomado miles de millones de años para crear el mundo, entonces habría mentido.

La misma palabra hebrea para «día» utilizada en Génesis capítulo 1 aparece en su forma singular otras 1150 veces en el Antiguo Testamento. De esta forma, *nunca* significa un largo período de tiempo. Pretender que significa un largo período de tiempo solo en el primer capítulo de la Biblia es pura fantasía.[57]

La única razón para creer que los días en Génesis capítulo 1 duraron seis largos períodos de tiempo es que la mayoría de los científicos creen que el universo tardó más de seis días en evolucionar. Pero como ya hemos visto, los cálculos científicos de la edad del universo se basan en la suposición de que no se creó sobrenaturalmente. ¡Esto quiere decir que la única razón para no creer que el mundo fue creado en ese intervalo de tiempo es que muchas personas consideran que el mundo no fue creado en seis días literales!

---

[57] El profesor alemán Gerhard von Rad fue un reconocido experto lingüístico que publicó un famoso comentario sobre Génesis en 1960. Consideró la historia de la creación de seis días como una idea primitiva y errónea, pero escribió, «Sin lugar a dudas, los días están [destinados] a considerarse como días literales de 24 horas».

Un extraño orden de eventos

No obstante, el orden en que el primer capítulo de Génesis nos dice que Dios creó las cosas es difícil de entender desde cualquier punto de vista natural. Nos dice que primero hubo agua (Génesis 1.2,6). Luego dice que Dios hizo todo lo demás en el siguiente orden:

Día 1: luz
Día 2: una «expansión» o «bóveda» llamada cielo que separaba el agua arriba y abajo
Día 3: tierra seca, mares y vegetación de todo tipo: plantas que producen semillas de acuerdo con su propia especie, y árboles que dan frutos en los que está su semilla, cada uno según su especie
Día 4: el sol, la luna y las estrellas
Día 5: criaturas marinas y aves.
Día 6: criaturas terrestres y el ser humano.

Es cierto que, si Dios hubiera creado todo naturalmente, mucho de esto sería absurdo. ¿De dónde vino esta agua que tuvo que separar en dos partes? ¿Cómo pudo haber luz antes de que él hiciera que el sol y las otras estrellas la proporcionaran? ¿Cómo el primer día pudo tener una mañana y una tarde antes de que existiera la Tierra?

Un día, mientras estaba orando, una foto me vino a la mente. Era la imagen de una pintura, y la pintura mostraba una corriente que fluía sobre una cascada y bajaba hacia una piscina. Dios me mostró que en la vida real la corriente debe haber sido lo primero, porque no podría haber una cascada sin una corriente que la abastezca. Y en la vida real, la cascada debe haber llegado antes que la piscina, porque no habría agua para llenar la piscina sin una cascada. Pero la pintura no era la vida real, era solo una imagen de la vida real. Entonces, el artista podría haber pintado cada parte en el orden que eligió. Podría haber pintado la piscina primero si hubiera querido. En cierto sentido, estaba creando el arroyo, la cascada y la piscina sobrenaturalmente. Entonces, el orden en que pintó cada parte no tenía que corresponder a su orden natural de creación. De hecho, podría haber terminado el cuadro pintando el sol, a pesar de que el resto de la escena ya estaba a la luz del día.

Como Dios creó todo sobrenaturalmente, pudo hacerlo de cualquier manera y en el orden que eligió. Quizás el agua original era el lienzo o el banco de trabajo sobre el que operaba. Un artista no consideraría el lienzo como parte de su imagen, así que tal vez por eso Dios no incluyó el agua en sus objetos de creación.

Sin embargo, examinemos las anomalías aparentes en la cuenta de la creación un poco más de cerca. Las personas que han tenido experiencias del cielo cercanas a la muerte — experiencias totalmente reales de estar en un reino celestial mientras sus cuerpos estaban clínicamente muertos—, esas personas con frecuencia se refieren a la luz deslumbrante que parece impregnar todo lo que miran.

Brad Barrows, por ejemplo, había sido ciego de nacimiento. A la edad de ocho años, la neumonía severa detuvo los latidos de su corazón durante cuatro minutos. ¡En su espíritu, fue llevado a un hermoso campo con hierba muy alta y palmeras que podía ver! «Allí había una luz tremenda —dijo a dos investigadores algunos años después—. Parecía venir de todas las direcciones... Parecía que todo, incluso la hierba que había pisado, parecía empaparse en esa luz».[58]

El capitán Dale Black, piloto de una aerolínea comercial, despegaba en un Piper Navajo bimotor cuando de repente perdió energía y se estrelló contra un monumento de piedra. Se encontró vivo, pero suspendido en el aire sobre su cuerpo destrozado. Dos ángeles lo llevaron a una magnífica ciudad.

---

[58] *Mindsight: Near-Death and Out-of-Body Experiences in the Blind* (*Mindsight: Experiencias Cercanas a la Muerte y Fuera del Cuerpo en el Ciego*). K.Ring & S.Cooper, Instituto de Psicología Transpersonal, 1999.

> *Toda la ciudad estaba bañada en luz, una blancura opaca en la que la luz era intensa pero difusa… No brillaba en las cosas, sino a través de ellas. A través de la hierba. Entre los árboles. A través de las paredes. Y a través de las personas que se reunieron allí…*[59]

Entonces, ¿parece tan improbable que lo primero que Dios dijo en su semana de creación fue: «Que haya luz»? Quizás la luz era simplemente una manifestación de la energía que necesitaría para alimentar todo lo demás que hizo.

¿Qué hay del tiempo? ¿Cómo pudo haber un día de veinticuatro horas con mañana y tarde antes de que se creara una Tierra en rotación? Antes de que Dios comenzara su trabajo de creación física, hizo espacio y tiempo. La frase «en el principio» indica que lo primero que hizo fue crear tiempo, ya que sin tiempo no podría haber principio de nada. Es decir, no fue la rotación de la Tierra la que definió la duración de un día, sino que fue la duración de un día la que definió qué tan rápido Dios tuvo que hacer girar el planeta para completar una rotación en un día.

Es cierto que la explicación de separar el agua sobre y debajo de la tierra con una «expansión» llamada cielo y luego recoger el agua debajo de la expansión en mares para exponer la tierra seca, parece describir una muy diferente a la que conocemos ahora. Pero una vez más, un proceso de creación sobrenatural no debe tener ninguna relación directa con el producto terminado una vez que se convierte en algo real. Supongo que una situación paralela sería el tipo de explicación que una madre podría darle a su hijo de cuatro años que le pregunta cómo se hizo. «Te hice crecer en mi estómago» no sería la explicación completa y no sería estrictamente precisa, pero sería lo máximo que un niño pequeño podría entender.

Génesis 2.7 dice, «*Entonces Dios el Señor formó al hombre de la tierra misma, y sopló en su nariz y le dio vida. Así el hombre comenzó a*

---

[59] *Flight to Heaven* (*Vuelo al Cielo*). Dale Black, Bethany House Publishers, mayo de 2010.

vivir». Dios creó al primer hombre sobrenaturalmente, pero solo cuando estuvo completo se convirtió en un ser humano vivo y natural. Esto me sugiere que el Señor primero creó todo sobrenaturalmente en formas más allá de nuestra comprensión natural, y luego, cuando todo estuvo listo, cuando estuvo satisfecho de que la imagen que había pintado, por así decirlo, estaba completa, lo llevó a la vida natural por el poder de su espíritu. A partir de ese momento funcionó naturalmente.

6
El Diluvio Universal

El relato de la Biblia

El año seiscientos de la vida de Noé, en el mes segundo, a los diecisiete días del mes, aquel día fueron rotas todas las fuentes del grande abismo, y las cataratas de los cielos fueron abiertas, y hubo lluvia sobre la tierra cuarenta días y cuarenta noches... Y las aguas subieron mucho sobre la tierra; y todos los montes altos que había debajo de todos los cielos, fueron cubiertos. Quince codos [siete metros] más alto subieron las aguas, después que fueron cubiertos los montes. Y murió toda carne... Todo lo que tenía aliento de espíritu de vida en sus narices, todo lo que había en la tierra, murió... Quedó solamente Noé, y los que con él estaban en el arca.

De Génesis 7.11-24 RV

Se han escrito libros completos sobre este tema, tanto a favor como en contra de la creencia de que tal inundación universal realmente ocurrió. Apenas puedo entrar en un debate tan grande en este momento. Pero dado que Jesús creía claramente que ocurrió el Diluvio y que Noé construyó el arca como se describe (Mateo 24.37-39), me contentaré con solo unos pocos puntos que espero no puedan contradicirse en apoyo del relato en Génesis.

El Diluvio del Génesis

The Genesis Flood (*El Diluvio del Génesis*), escrito por John Whitcomb y Henry Morris en 1961, fue el primer libro en abordar seriamente el conflicto entre el relato bíblico del

Dios, la Ciencia y la Biblia

Diluvio y la ciencia generalmente aceptada. Se volvió a publicar en 2012 como una edición del cincuentenario[60], así que aún debe tener algún valor. Uno de los pocos críticos imparciales del libro en Amazon dijo que proporciona un excelente resumen del punto de vista creacionista sobre el tema del Diluvio. Estos son solo cinco de los puntos que hacen los autores, en forma ligeramente simplificada:

(1) Una cubierta de vapor de agua

Si toda el agua en nuestra atmósfera actual se precipitara repentinamente, cubriría el suelo a una profundidad promedio de menos de 2 pulgadas (5 cm). Una lluvia global continuando durante cuarenta días habría requerido un mecanismo completamente diferente para su producción que el que está disponible en la actualidad. Sin embargo, Génesis 1.7 habla de «las aguas que estaban sobre el firmamento». Si antes del Diluvio hubiera una cubierta de vapor de agua a gran altitud libre de las partículas, que son un precursor necesario para la precipitación como gotas de agua, la mayor absorción resultante de la radiación solar y la distribución más uniforme del calor resultante habrían producido una temperatura uniformemente cálida sobre la Tierra antes del diluvio. Esto explicaría la existencia generalizada de fósiles de plantas y animales templados y semitropicales, incluso cerca de los polos.[61] También podría explicar por qué Génesis nos dice que

---

[60] *The Genesis Flood, The Biblical Record and its Scientific Implications, 50th Anniversary Edition* (*El Diluvio del Génesis, El Registro Bíblico y sus Implicaciones Científicas, Edición del 50 Aniversario*). J.C.Whitcomb & H.M.Morris, Presbyterian and Reformed, 2012.

[61] «La distribución general y el carácter de las rocas y su contenido fósil apuntan a condiciones climáticas más uniformes que las de hoy. Los fósiles en las rocas silurianas árticas no son esencialmente diferentes de los de las latitudes bajas». W.J.Miller: *An Introduction to Historical Geology* (*Una Introducción a la Geología Histórica*), 6.ª edición, Van Nostrand, 1952, p.116. Declaraciones similares hechas en libros de texto geológicos sobre las épocas del Mioceno, Cámbrico, Ordovícico, Devónico y Carbonífero

El Registro Fósil

no llovió hasta después del diluvio (Génesis 2.5,6; 7.12). Hoy en día, la temperatura en la termosfera, a 80 millas sobre la Tierra, es muy alta, propicia la retención de grandes cantidades de vapor de agua, y este vapor es más ligero que el aire, por lo que la existencia de una cubierta de vapor de agua antes del diluvio parece perfectamente posible. Si el agua cubrió toda la tierra a una profundidad de «quince codos (25 pies o 760 cm) por encima de las montañas», ¿a dónde se fue cuando disminuyó la inundación? El Salmo 104.6-9 responde la pregunta. Describe cómo Dios reformó la superficie de la tierra después del Diluvio, levantando lo que anteriormente habían sido montañas relativamente bajas y hundiendo lo que habían sido valles poco profundos:

El agua cubría las montañas. Pero tú la reprendiste, y se fue; huyó de prisa al escuchar tu voz de trueno. Subiendo a los montes y bajando a los valles, se fue al lugar que le habías señalado, al límite que le ordenaste no cruzar, para que no volviera a cubrir la tierra.
Salmo 104.6-9

Hay mucha evidencia de los hallazgos de fósiles y el equipo de eco de que ambos eventos realmente ocurrieron.[62] Cañones profundos debajo de la superficie del océano, pero presumiblemente originalmente excavados por ríos sobre el

---

se encuentran en *The Genesis Flood* (*El Diluvio del Génesis*), citado anteriormente.

[62] Se han encontrado fósiles de ballenas y otras criaturas marinas en las montañas de Chile y California. En 2015, los buscadores de petróleo que usaron equipos de eco descubrieron un paisaje profundo de 1,2 millas en el Atlántico norte al oeste de las islas Orkney-Shetland, con picos que alguna vez pertenecieron a montañas y ocho ríos principales. El investigador Nicky White, de la Universidad de Cambridge, dijo: «Se ve como un mapa de un país en tierra». *Lost world: Ancient submerged landscape of mountains and riverbeds found on the Atlantic seabed* (*Mundo perdido: antiguo paisaje sumergido de montañas y lechos de ríos que se encuentran en el fondo marino del Atlántico*)». Daily Mail, julio de 2011.

suelo, ocurren en todo el mundo.[63] Cerca de la desembocadura del río Hudson están a casi 3 millas debajo de la superficie.[64] El Salmo también hace que sea más fácil entender cómo todas las montañas podrían haber estado cubiertas de agua durante el Diluvio: no estaban tan altas como ahora.

(2) La formación de rocas sedimentarias

Una inundación universal ofrece una explicación creíble para la formación de rocas sedimentarias. Las rocas sedimentarias son rocas que se han depositado como sedimentos, que el *Oxford Universal Dictionary on Historical Principles* (*Diccionario Universal de Oxford sobre Principios Históricos*) definió como «materia terrestre o detrítica depositada por una agencia acuosa». Obviamente, estas grandes masas de sedimentos primero deben haber sido erosionadas de alguna ubicación anterior, transportadas y luego depositadas, tal vez en más de una ocasión; exactamente el tipo de cosa que ocurre en cualquier inundación y debe haber ocurrido en una escala excepcionalmente grande durante el gran diluvio del Génesis.

(3) La formación de los fósiles

Una inundación universal ofrece la mejor explicación de cómo se formaron los fósiles. En general, los fósiles se encuentran solo en rocas sedimentarias —no se puede insertar un mamut en un bloque de granito—. Se han encontrado decenas de miles de animales extintos, muchos de ellos mamuts, conservados enteros, incluso con carne y pelo intactos, particularmente en Siberia. Esto solo podría haber sucedido sin su descomposición o ser comidos por los carroñeros si fueron enterrados repentinamente en los

---

[63] *Submarine Geology* (*Geología Submarina*). F.P.Shepard, Harpers Nueva York, 1948.
[64] *Principles of Geomorphology* (*Principios de Geomorfología*). W.D.Thornbury, Wiley, 1954.

sedimentos en los que se han encontrado.⁶⁵ De manera similar, la fosilización de muchos tipos de peces es indicativa de un entierro y solidificación muy rápidos, ya que en circunstancias normales otros peces o criaturas marinas comen un pez muerto.⁶⁶

(4) La extinción de los dinosaurios

En particular, una inundación universal repentina ofrece la explicación más racional para la extinción de los dinosaurios. Si todas las criaturas que no estaban a bordo del arca se ahogaron, y si no había parejas de dinosaurios a bordo del arca, entonces, su extinción repentina era inevitable. En agosto de 2017, el periódico *The Guardian* informó de los hallazgos de un artículo publicado por la Royal Society sobre un dinosaurio inusual llamado Chilesaurus.⁶⁷ El artículo de *The Guardian* explicó:

Los dinosaurios fueron los monarcas de la Tierra durante 160 millones de años hasta que una roca espacial chocó con el planeta hace 65,5 millones de años y aniquiló a los confinados en tierra. Ornithischia prosperó durante más de 100 millones de años, pero fue aniquilada cuando la roca rebelde se estrelló contra lo que hoy es la península de Yucatán en México. El impacto probablemente creó una tormenta de fuego masiva seguida de un invierno de décadas

---

[65] Ver, por ejemplo, el artículo de Wikipedia, *Fossils of the Burgess Shale* (*Esquisto de Burgess*).

[66] «Varios gar-pike, que varían en tamaño de 4 a 6 pies, han sido desenterrados… Además, se han encontrado especímenes de pez luna, lengua de escofina, lubina, cachos, pickerel y arenque…». Depósitos encontrados en Lincoln County, Wyoming, descritos en *Fishing for Fossils* (*Pesca de fósiles*), Compressed Air Magazine, vol.63, marzo de 1958, p.24.

[67] *A dinosaur missing link? Chilesaurus and the early evolution of ornithischian dinosaurs.* (¿Un enlace perdido dinosaurio? Chilesaurus y la evolución temprana de los dinosaurios ornitisquios). M.G.Baron & P.M.Barrett, Biology Letters, The Royal Society (La Sociedad Real), 16 de agosto de 2017. DOI: 10.1098/rsbl.2017.0220.

que destruyó la vegetación, el punto de partida en la cadena alimentaria de los dinosaurios.

Aparte de la noción extraordinaria de que una roca que cae en México podría acabar con los dinosaurios en toda la tierra al destruir el punto de partida de su cadena alimentaria y, presumiblemente, todas las formas de vida intermedias al mismo tiempo, el artículo científico, que supuestamente informaba, no dijo nada por el estilo. La explicación de la extinción de los dinosaurios fue pura ficción, hecha para parecer un hecho en el contexto de un artículo científico genuino. Muchos de los «hechos» que nos dicen no emanan de científicos, sino de periodistas que escriben para editores que buscan atención.

(5) El órden de los fósiles

Una inundación universal explica perfectamente el orden más común de formas de vida fosilizadas que se encuentran en la columna geológica estándar. Cuando las fuentes de las profundidades se rompieron y los cielos de arriba se abrieron, las primeras criaturas afectadas habrían sido las marinas. Las criaturas marinas invertebradas —moluscos, etc.— habrían sido enterradas primero en la marea de escombros y lodo que barrieron los mares poco profundos, luego los vertebrados —peces, etc.— fueron enterrados, después de haber intentado nadar a un lugar seguro. A medida que las aguas de la inundación llenaban la tierra más baja, los anfibios quedarían atrapados, más tarde los reptiles que se movían de manera más lenta, luego los animales —que inicialmente podrían haber escapado a tierras más altas— y, finalmente, las aves, que presumiblemente volaron alrededor hasta que murieron de hambre. Esto también explica por qué los trilobites, por ejemplo, nunca se encuentran en la misma capa que los dinosaurios.

Las fuentes del abismo

El único aspecto del Diluvio que los autores de *The Genesis Flood* (*El Diluvio del Génesis*) no parecen haber abordado es el asunto de las «fuentes del abismo». La frase sugiere que grandes cantidades de agua quedaron atrapadas previamente bajo presión debajo de la superficie de la Tierra y estallaron. Eso es ciertamente lo que cree Walter Brown,[68] aunque gran parte de lo que dice ha sido fuertemente refutado por personas que no creen en el relato bíblico.[69] Sin embargo, los científicos que trabajaron con el Telescopio Espacial Hubble en 2016 informaron con entusiasmo de las observaciones que respaldaban fuertemente la posibilidad de que el agua quedara atrapada bajo presión debajo de la superficie de un planeta. Identificaron fuentes de agua o hielo que arrojaban cien *millas* al espacio desde la superficie de Europa, una de las lunas de Júpiter. Un informe sobre *USA Today* declaró, «El agua de este mar salado supuestamente se dispara a través de grietas en la capa exterior de hielo, que mide decenas de millas de espesor o más». Curtis Niebur, de la NASA, admitió que no tenían una explicación completa del proceso. «Estamos viendo [las plumas] usando una técnica completamente diferente. Eso le da mucha más evidencia de que no es solo una casualidad, que en realidad es algo físico».[70]

Incluso hoy en día los géiseres de agua como «Old Faithful» en el Parque Nacional de Yellowstone continúan lanzando agua al aire; el aceite brota del suelo cuando se libera; y los volcanes

---

[68] *In the Beginning: Compelling Evidence for Creation and the Flood* (*Al Principio: Evidencia Convincente para la Creación y el Diluvio*). W.Brown, Centro de Creación Científica, agosto de 2008.

[69] *Walter Brown's «Hydroplate» Flood Model Doesn't Hold Water* (*El Modelo de Inundación «Hidroplaca» de Walter Brown no Retiene el Agua*). G.J.Kuban, http://paleo.cc/ce/wbrown.htm, visto en agosto de 2016.

[70] *Scientists find incredible fountains shooting from Jupiter's moon* (*Los Científicos encuentran increíbles fuentes disparando desde la luna de Júpiter*). T.Watson, *USA TODAY*, 26 de septiembre de 2016.

pueden expulsar cenizas veinte millas hacia arriba en el cielo. Si el agua estuvo alguna vez atrapada debajo de la corteza terrestre y fue sobrecalentada por el magma volcánico, la presión generada podría haber sido explosiva.

Una creencia universal

Las culturas antiguas de todo el mundo han transmitido independientemente una historia sobre una gran inundación que una vez tuvo lugar. El artículo de Wikipedia *List of flood myths* (*Lista de mitos de inundaciones*) enumera treinta y ocho de tales historias de China y el lejano Oriente, India y Medio Oriente, Europa, América del Norte y del Sur, África e incluso Polinesia y Hawái. ¿Por qué existe una creencia tan arraigada sobre una inundación universal si tal inundación nunca ocurrió? Aquí hay una de esas historias de las Filipinas. Difícilmente puede haberse basado en la historia bíblica, aunque tiene elementos que coinciden claramente con el relato bíblico:

> *Érase una vez, cuando el mundo era plano y no había montañas, vivían dos hermanos, hijos de Lumawig, el Gran Espíritu. A los hermanos les gustaba la caza, y como no se habían formado montañas, no había un buen lugar para atrapar cerdos y ciervos salvajes. El hermano mayor dijo: «Hagamos que el agua fluya por todo el mundo y la cubra, y luego las montañas se levantarán».*

Aquí hay dos historias más. Un antiguo mito celta de Gales habla de una gran inundación causada por el monstruo Afanc, que vivió en Llyn Llion, que posiblemente fue el lago Bala. Todos los humanos se ahogaron excepto Dwyfan y Dwyfach. Escaparon en un enorme bote sin mástil o arca llamada *Nefyd Naf Neifion*, en el que llevaban dos de cada tipo de vida. Desde Dwyfan y Dwyfach se repobló toda la isla de Prydain (Gran Bretaña).

En la mitología inca, el dios creador, Viracocha, surgió del lago Titicaca e hizo la humanidad respirando en piedras. Sus primeras creaciones fueron gigantes sin cerebro que lo desagradaron, por lo que los destruyó con una inundación e hizo mejores personas con piedras más pequeñas.

Una vez más, ¿por qué la gente de todo el mundo que no tuvo contacto con la Biblia cree que alguna vez hubo una inundación universal, si nunca ocurrió? Todos estos mitos tienen algunas similitudes con el relato bíblico, pero ninguno parece tan racional. En mi opinión, el único «mito» que el artículo de Wikipedia no debería haber incluido en su lista es el relato bíblico de lo que realmente sucedió.

Cronología egipcia y la fecha del diluvio

La fecha generalmente aceptada para la primera dinastía egipcia es anterior al diluvio según la cronología bíblica.

En el Capítulo 5 mostré cómo, según la cronología bíblica, el mundo fue creado aproximadamente en el año 3933 a.C. Expliqué cómo las genealogías en Génesis nos permiten calcular que el Éxodo tuvo lugar 2679 años después de la creación. Del mismo modo, se puede calcular que el Diluvio ocurrió 1656 años después de la creación, lo que nos daría una fecha para el Diluvio del 2277 a.C. Sin embargo, en el Libro 2 de la serie Z: *Generación* derivaré una fecha más precisa de 3967 a.C. para la creación de acuerdo con la Biblia, que da una fecha bíblica de 2311 a.C. para el diluvio. Ahora la Biblia nos dice que al año siguiente solo había ocho personas vivas en la Tierra: Noé, su esposa, sus tres hijos y las esposas de sus hijos. No obstante, según los egiptólogos Dodson y Hilton,[71] se conjetura que la primera dinastía de Egipto comenzó en 3150 a.C., ¡839 años *antes* del Diluvio!

Aunque se conocen los nombres de unos trescientos reyes egipcios, fecharlos es notoriamente difícil. Algunas listas supervivientes de reyes cubren a muchos gobernantes, pero

---

[71] *The Complete Royal Families of Ancient Egypt* (*Las Familias Reales Completas del Antiguo Egipto*). A.Dodson & D.Hilton, Thames and Hudson, 2010.

tienen brechas significativas en su texto; otras proporcionan una lista completa de gobernantes por solo un corto período de la historia egipcia. Algunas dinastías pueden haberse superpuesto, con diferentes reyes gobernando en distintas regiones al mismo tiempo en lugar de en serie. Dado que la próxima fecha conjetura después del establecimiento de la primera dinastía en 3150 es la del gobernante final de la segunda dinastía —lamentablemente llamada Nebwyhetepimyef, 2611-2584 a.C—, considero que la fecha anterior del 3150 a.C. es algo especulativo. Por otra parte, 2611 a.C. sería exactamente trescientos años después del Diluvio.

Si bien el libro de Dodson y Hilton establece el consenso de la mayoría de los académicos, existen varias cronologías alternativas. La «Nueva Cronología» fue desarrollada por el egiptólogo inglés David Rohl y otros investigadores en la década de 1990. Establece las fechas posteriores del Nuevo Reino hasta trescientos cincuenta años más tarde.[72] Rohl afirma que la Nueva Cronología le permite identificar algunos de los personajes de la Biblia hebrea con personas cuyos nombres aparecen en hallazgos arqueológicos.

Donovan Courville publicó en privado otra cronología en 1971 en su libro de dos volúmenes de 700 páginas *The Exodus Problem and Its Ramifications: A Critical Examination of the Chronological Relationships Between Israel and the Contemporary Peoples of Antiquity* (*El Problema del Éxodo y sus Ramificaciones: Un Examen Crítico de las Relaciones Cronológicas entre Israel y los Pueblos Contemporáneos de la Antigüedad*).[73] Llegó a la conclusión de que Egipto se fundó alrededor del año 2300 a.C., lo que habría sido poco después de la fecha del Diluvio según la Biblia.

En resumen, es difícil pero no imposible conciliar la historia temprana de Egipto con la cronología de la Biblia.

---

[72] *A Test of Time (Una Prueba de Tiempo)*. D.Rohl, Cornerstone, 2001.
[73] Ver el artículo de Wikipedia: *Donovan Courville*.

7
El Registro Fósil

Datación por carbono radiactivo

El carbono radiactivo (C_{14}) se usa ampliamente para determinar la edad de las cosas que una vez vivieron, por lo que en teoría debería ser posible determinar la edad de los fósiles por datación mediante radiocarbono. Así es como funciona. La radiación cósmica de alta energía del sol cambia continuamente los átomos de nitrógeno en la atmósfera superior en átomos de carbono radiactivos.[74] Estos se combinan con el oxígeno atmosférico para formar dióxido de carbono radiactivo. Las plantas absorben la mezcla resultante de dióxido de carbono normal y dióxido de carbono radiactivo del aire y la usan para construir sus células. Las criaturas vivientes se comen las plantas y absorben el carbono. Como resultado, una pequeña proporción —algo así como una parte por billón— del carbono en todos los seres vivos es radiactiva, la misma proporción que el carbono radiactivo en el aire. ¡Eres un poco radiactivo!

Cuando una planta o animal muere, deja de absorber carbono del aire, pero el carbono radiactivo que ya está en él continúa decayendo a una velocidad conocida. Entonces, a partir de su «vida media» conocida de, aproximadamente, 5730

---

[74] Un rayo cósmico en forma de un protón de alta energía —una partícula cargada positivamente— colisiona con un átomo en la atmósfera que convierte uno de sus neutrones en un neutrón de alta energía —«térmico»— separado. Esto, a su vez, colisiona con un átomo de nitrógeno en la atmósfera, reemplazando un protón y convirtiéndolo en carbono radiactivo. N_{14} (7 protones + 7 neutrones) + 1 neutrón térmico = C_{14} (6 protones + 8 neutrones) + 1 protón.

años, la cantidad relativa de carbono radiactivo que permanece en un fósil, momia, poste de entrada o vestido hecho de fibras naturales se puede usar para determinar qué edad tiene. Por ejemplo, si la proporción de carbono radiactivo en el contenido de carbono es solo la mitad de lo que está en la atmósfera, entonces el objeto tiene 5730 años o menos, suponiendo siempre que la proporción de C_{14} en la atmósfera se haya mantenido constante durante ese período.[75]

Sin embargo, si bien la datación por radiocarbono se ha utilizado con éxito razonable en artículos de tumbas egipcias que se sabe que tienen alrededor de 4700 años, no se usa en fósiles por la simple razón de que las cantidades relativas de C_{14} que quedan en ellos son demasiado pequeñas para ser medidas con precisión. Por supuesto, esto se atribuye al hecho de que los fósiles deben ser extremadamente antiguos. De hecho, se cree que los fósiles más antiguos tienen unos 3500 millones de años. Pero ¿la casi ausencia de C_{14} en los fósiles realmente prueba que son extremadamente viejos?

La predicción de Pedro

En mi juventud, visité las cuevas en Cheddar Gorge en Somerset. En un lugar, un grupo de pequeñas estalactitas blancas, iluminadas por una iluminación imaginativa, se reflejaba en silencio en un charco negro de agua debajo de ellas que parecía a todo el mundo como una ciudad Tolkieniana

---

[75] Las proporciones históricas de C_{14} en la atmósfera se han medido a partir de los anillos de los árboles antiguos. El carbono en el tronco de un árbol se absorbe solo en el anillo exterior cada año, por lo que cada anillo del árbol da una estimación de la proporción de C_{14} en la atmósfera en el año en que creció, después de que se haya tenido en cuenta la descomposición radiactiva correspondiente a su edad. En la historia reciente, la quema generalizada de combustibles fósiles redujo la proporción de C_{14} en la atmósfera, y las pruebas nucleares atmosféricas realizadas en las décadas de 1950 y 1960 casi la duplicaron por un tiempo. Las afirmaciones de que los árboles pueden proporcionar datos desde hace 13,900 años me parecen muy dudosas.

increíblemente hermosa. En otro lugar, un guía nos dijo que una estalactita masiva estaba suspendida sobre el pasillo y que todavía goteaba agua de su punta; tenía miles de años. Le pregunté cómo sabía su edad. Explicó que su tasa de crecimiento se había medido durante varios años, por lo que fue posible calcular cuándo comenzó a formarse a partir de su tamaño actual. La pregunta que me vino a la mente de inmediato fue «¿Cómo saben que siempre creció al mismo ritmo?». No tenía la confianza suficiente a esa edad para preguntarle, pero me pareció que en siglos o milenios anteriores el curso de agua en la superficie podría haber cambiado de dirección, o el contenido mineral del agua podría haber cambiado. Se podría hacer una pregunta similar sobre la edad aparente de los fósiles cuando se intenta fecharlos a partir de su contenido de C_{14}. ¿Cómo se sabe que C_{14} siempre ha estado presente en la atmósfera en cantidades similares durante toda su vida?

Si el relato bíblico del Diluvio es correcto y antes del Diluvio había una gran cantidad de agua sobre la Tierra, presumiblemente como vapor de agua, podría y probablemente habría protegido el nitrógeno atmosférico de los rayos cósmicos. Esto habría evitado la producción de C_{14}, ya sea en parte o en su totalidad, de modo que cualquier cosa que viviera antes del Diluvio habría absorbido poco o nada de C_{14}. Por lo tanto, todos los seres vivos fosilizados como resultado del Diluvio inevitablemente habrían parecido ser mucho, mucho más antiguos de lo que realmente son.[76] La presencia de «las aguas que estaban sobre la expansión» mencionadas en Génesis capítulo 1 destruye la validez de la datación por radiocarbono

---

[76] El carbón, que es madera fosilizada, contiene cantidades variables de C_{14}, que normalmente se explican como originadas por la desintegración radiactiva de la serie de isótopos de uranio y torio que se encuentran en las rocas. Dado que parte del carbón no tiene C_{14} medible, me pregunto si todo el C_{14} detectado en otros fósiles no proviene de la absorción de C_{14} mientras estaban vivos antes del Diluvio, sino de la contaminación por otros elementos radiactivos en la roca circundante.

cuando se aplica a los fósiles creados por el Diluvio, y a todo lo que creció en los años inmediatamente posteriores a este, mientras que los niveles de C_{14} en el ambiente comenzaron a acumularse. Y si fue el Diluvio el que enterró todas las plantas y animales ahora fosilizados, la aparente gran edad de los fósiles determinada por las mediciones de C_{14} no puede presentarse como prueba de que la Tierra es un día más antigua de lo que la Biblia indica que es.[77]

Hace casi dos mil años el apóstol Pedro escribió: «*En los días últimos vendrá gente... que en son de burla preguntará: "...todo sigue igual desde que el mundo fue creado". Esa gente no quiere darse cuenta de que... por medio del agua del diluvio fue destruido el mundo de entonces*» (2 Pedro 3.3-6). ¡Es casi como si Pedro viera cómo los científicos de hoy ignorarían el efecto del Diluvio en la datación por radiocarbono!

Determinación de la edad de los fósiles de la columna geológica

Como expliqué anteriormente, el C_{14} no se usa para determinar la edad de los fósiles porque queda muy poco carbono radiactivo en ellos para obtener un valor confiable. Entonces, ¿cómo saben los científicos, o piensan que saben, cuántos años atrás vivió un dinosaurio o un trilobite? Si eres muy brillante, podrías adivinar que miden la edad de la roca en la que está incrustado el fósil, usando uno de los otros tipos de

---

[77] Es verdad que un artículo publicado en 1986 por Linick y otros en la revista *Radiocarbon*, informó que las edades de radiocarbono eran consistentemente solo un 15 % menores que las edades de las muestras de pinos de bristlecone muertos que datan de 6554 a.C., pero los métodos utilizados para fechar los antiguos pinos de bristlecone se basan en una suposición falsa, como se explicará más adelante. También se afirma que la datación por radiocarbono se puede verificar 45 000 años atrás al verificar sus resultados con las fechas conocidas de formaciones de cuevas llamadas espeleotemas, pero estas fechas «conocidas» se derivaron de mediciones de radioactividad de uranio-torio que también se basan en una suposición falsa, como se explicó anteriormente.

El Registro Fósil

radiactividad que mencioné anteriormente. Pero no pueden hacerlo porque los fósiles casi siempre se encuentran en rocas sedimentarias —rocas que han sido depositadas por arena y sedimentos de barro arrastrados por el agua—, y ¡las rocas sedimentarias no contienen elementos radiactivos que puedan usarse para fecharlo! Entonces, ¿cómo demonios se conoce la edad de un fósil? La respuesta es: ¡no se conoce! Déjame explicar...

Figura 1: La columna geológica, simplificada.

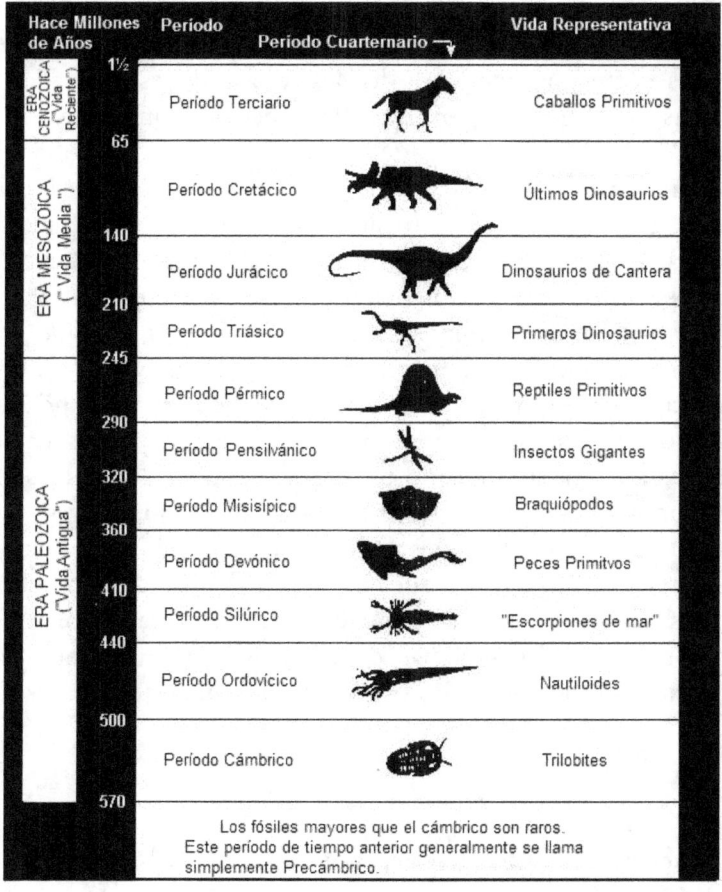

La mayoría de las personas probablemente estén familiarizadas con la columna geológica que aparece en los libros de texto escolares y los libros de referencia en todo el mundo.[78] En la Figura 1 se muestra una versión simplificada de esto —el diagrama original es de dominio público del Servicio de Parques Nacionales de EE. UU.—.

Siempre yo había asumido, como quizás lo hacen otras personas, que palabras como «Cretácico», «Devónico» y «Cámbrico» se aplicaban a diferentes tipos de roca, y que de alguna manera se sabía cuántos años tenían estas rocas y, además, qué edad tenían los fósiles en ellos. Pero no es nada de eso. Los diferentes estratos de roca simplemente llevan el nombre de los lugares donde se encontraron por primera vez los tipos correspondientes de fósiles, y las edades asignadas a las rocas se asignan a partir de las edades asumidas de los fósiles.

A principios de 1800, el constructor de canales inglés William Smith notó que fósiles similares generalmente se encontraban en el mismo tipo de estratos en toda Inglaterra, y que los diferentes tipos de estratos generalmente se encontraban en la misma secuencia. También notó que los fósiles más pequeños y menos complejos tendían a encontrarse en las capas inferiores, y los restos orgánicos más grandes y complejos en las capas superiores. Se suponía que las capas inferiores se habían colocado primero, entonces, los fósiles en ellas eran más antiguos que los de las capas superiores. En segundo lugar, bajo el supuesto de que la teoría de la evolución era cierta, se concluyó que debieron transcurrir muchos millones de años entre la formación de cada capa para dar tiempo a las sucesivas etapas de la evolución. Finalmente, al medir radiométricamente las edades de las capas adyacentes de

---

[78] Al momento de escribir, la inglesa página web creationwiki.org/Geological_column tiene una buena explicación de la columna geológica.

El Registro Fósil

rocas no sedimentarias, se asignaron algunas escalas de tiempo supuestamente más precisas a los diversos períodos de tiempo.

Para comparar los estratos de rocas en varias partes del mundo, se creó un sistema de «índices fósiles» para identificar cada estrato. Un fósil índice es un tipo de fósil que es fácilmente identificable y razonablemente abundante.[79] Además, es un fósil que se produce en una sola capa de roca en cualquier lugar en particular. Eso implica que no existió antes de que se formara esa capa y que desapareció antes de que se formara la capa superior, una vez más asumiendo que la teoría de la evolución es un hecho. Habiendo asignado un conjunto de fósiles índice a cada período asumido de la edad de la Tierra, se utilizaron para identificar estratos de rocas similares en otros sitios geológicos de todo el mundo y para asignarles las edades correspondientes.[80] Cada vez que se descubre un nuevo tipo de fósil ahora, se data inmediatamente de la edad que se le ha asignado al estrato de roca en el que se encuentra. Por lo tanto, hasta cierto punto, ¡los fósiles se usan para fechar rocas y las rocas se usan para fechar fósiles![81]

El resultado de todo esto es la columna geológica, que muchos científicos y la mayoría del público ahora aceptan

---

[79] Los corales, graptolitos, braquiópodos, trilobites y equinoides (erizos de mar) son ejemplos de fósiles índices.

[80] *Fossil Frustrations* (*Frustraciones Fósiles*). D.V.Ager, *New Scientist*, Vol. 100, 10 noviembre de 1983, p.425. «Desde William Smith a principios del siglo XIX, los fósiles han sido y siguen siendo el mejor y más preciso método para fechar y correlacionar las rocas en las que se encuentran. ...Aparte de ejemplos muy "modernos", que son realmente arqueología, no se me ocurre ningún caso de desintegración radiactiva que se use para fechar fósiles».

[81] *Pragmatism Versus Materialism in Stratigraphy* (*Pragmatismo Versus Materialismo en Estratigrafía*). J.E.O'Rourke, *American Journal of Science*, Vol. 276, enero de 1976, p.47. «El laico inteligente ha sospechado durante mucho tiempo el razonamiento circular en el uso de rocas para fechar fósiles y fósiles para fechar rocas. El geólogo nunca se ha molestado en pensar en una buena respuesta, sintiendo que las explicaciones no valen la pena mientras el trabajo arroje resultados. Se supone que esto es un pragmatismo obstinado».

como un hecho. Entonces, ¿por qué dije que no se conocen las edades de los fósiles?

Suposiciones no demostrables

En primer lugar, la construcción de la columna geológica se basa en supuestos no demostrables.

La idea de que los estratos inferiores en una formación rocosa deben haberse establecido millones de años antes que los estratos superiores se basa en la suposición de que la teoría de la evolución es cierta y que nunca hubo una inundación universal. Sin embargo, nadie ha podido producir ninguna evidencia de evolución, y una inundación universal proporciona una explicación obvia de la secuencia más común de capas fósiles, que, es decir, podrían haberse formado con unos pocos meses de diferencia.

Como hemos visto, la suposición de que las edades aproximadas de las rocas adyacentes se pueden determinar radiométricamente supone que se formaron de forma natural en lugar de sobrenatural, lo que nuevamente es una suposición no demostrable. En el Capítulo 2 expliqué por qué la Tierra no pudo haber evolucionado naturalmente. No podría haberse formado a partir de gases en constante expansión de acuerdo con el comportamiento conocido de los gases, ni terminar girando sobre su eje en un circuito alrededor del sol de acuerdo con las leyes conocidas de movimiento.

La columna geológica se está desmoronando

En segundo lugar, el creciente conocimiento sobre los fósiles está haciendo agujeros en la columna geológica. Desde que se creó por primera vez, más y más fósiles han estado apareciendo en lugares «incorrectos».[82,83] Se han encontrado antiguos fósiles

---

[82] *Evolution pushed further into the past* (*La evolución empujada más al pasado*). M.J.Oard, CEN Technical Journal, 10(2), pp. 171-172, 1996.

índices como Camptochlamys en un estrato particular en un país y en un estrato diferente, de un período geológico completamente distinto, en otro. En solo diez años, entre 1982 y 1992, Sepkoski identificó 1026 familias de fósiles que aparentemente comenzaron a vivir antes de lo que se creía o continuaron viviendo más tarde de lo que se pensaba originalmente y, entonces, ya no se pueden usar como fósiles índices para fechar un solo período de tiempo. [84] ¡Algunos índices de fósiles antiguos, como el pez celacanto, que se creía que se extinguió hace sesenta y cinco millones de años con los dinosaurios, incluso han aparecido vivos y bien hoy![85]

Dado que «Lystrosaurus» siempre se ha usado para correlacionar rocas en horizontes equivalentes al tiempo y colocarlas en el Triásico Temprano, ¡el hallazgo Pérmico de «Lystrosaurus» ahora debería significar que Pérmico y Triásico son contemporáneos! Una línea de razonamiento análoga debería conducir a la posición de que el Cretáceo y el Terciario ahora son contemporáneos porque el género Cretácico Superior «Parafusus» ahora se conoce por las rocas del Terciario Temprano.

Por supuesto, los uniformitarios nunca seguirían su propio razonamiento hasta su conclusión lógica… Para ocultar este defecto fatal en la columna geológica, los uniformitarios simplemente pedalean hacia atrás, descartan «Lystrosaurus» y otros fósiles índices que alguna vez fueron estimados como indicadores estratigráficos de tiempo, eligen otros fósiles índices como presuntos

---

[83] *How well do palaeontologists know fossil distribution?* (¿Qué tan bien los paleontólogos conocen la distribución fósil?). M.J.Oard, CEN Technical Journal, 14(1), pp. 7-8, 2000.

[84] *A compendium of fossil marine animal families* (Un compendio de familias de animales marinos fósiles). J.J.Sepkoski, 2.ª edición, Milwaukee Public Museum Contributions to Biology and Geology, No. 83, p.7, 1992.

[85] *The Coelacanth: More Living than Fossil* (El Celacanto: Más Vivo que Fossil). Museo Nacional Smithsoniano de Historia Natural. vertebrates.si.edu/fishes/coelacanth/coelacanth_wider, visto en septiembre de 2017.

indicadores de tiempo, y de lo contrario actúan como si nada ha sucedido en términos de evidencia empírica. Esto les permite seguir creyendo en cosas como los períodos Pérmico, Triásico, Cretácico y Terciario. Cara, yo gano, cruz, tú pierdes.[86]

Ha habido varios descubrimientos en los últimos años —especialmente en 2005 y 2015— de huesos de dinosaurios que todavía contenían tejido flexible y células sanguíneas.[87,88] En general, se acepta que cuando un animal muere, los tejidos blandos como los vasos sanguíneos, los músculos y la piel se descomponen y desaparecen con el tiempo, por lo que estos descubrimientos hacen que sea extremadamente improbable que el último dinosaurio desapareció del planeta hace 65 millones de años como insiste la columna geológica. Por otro lado, el ahogamiento y la fosilización de dinosaurios en una inundación mundial hace apenas 4300 años más o menos parece mucho más plausible.

El registro fósil apoya la creación, no la evolución

Debe ser evidente para cualquier observador imparcial que el registro fósil apoya una creencia en el relato bíblico de la creación en lugar de la teoría de la evolución. Por un lado, si las rocas han existido desde las primeras formas de vida y si contienen un registro de la evolución de la vida desde su comienzo hasta los últimos tiempos, entonces debería haber un registro completo de las formas de vida, desde simples hasta

---

[86] *The fossil record: Becoming more random all the time* (*El registro fósil: siendo más aleatorio todo el tiempo*). J. Woodmorappe, Creation Ministries International. creation.com/the-fossil-record, visto en septiembre de 2017.

[87] *The real Jurassic Park* (*El verdadero Parque Jurásico*). S.Doyle, Creation 30(3) pp.12-15, 2008.

[88] *Fibres and cellular structures preserved in 75-million-year-old dinosaur specimens* (*Fibras y estructuras celulares conservadas en especímenes de dinosaurios de 75 millones de años*). S.Bertazzo y otros, Nature Communications 6, art. n.º 7352, 2015.

complejas, incluyendo multitudes de formas intermedias que unen etapas evolutivas consecutivas. Tal registro simplemente no existe. Darwin mismo reconoció esto cuando escribió:

> *¿Por qué, si las especies han descendido de otras especies por gradaciones insensiblemente finas, no vemos en todas partes innumerables formas de transición? ¿Por qué no está toda la naturaleza en confusión en lugar de que las especies estén, como las vemos, bien definidas?*[89]

La respuesta, por supuesto, fue que su teoría estaba equivocada, pero Darwin solo podría suponer que el registro fósil en su día debe haber sido «incomparablemente menos perfecto de lo que generalmente se supone». Pero ese argumento difícilmente puede sostenerse hoy. Desde los días de Darwin, no se han recuperado millones, sino miles de millones de fósiles de todo el mundo. Un portavoz del Museo de Historia Natural de Londres escribió que «en términos de la cantidad de fósiles individuales, probablemente haya innumerables miles de millones. La mayoría de los grandes museos de historia natural tendrán una colección de varios millones».[90] No obstante, a pesar de todos estos hallazgos fósiles, no hay evidencia de un cambio gradual de una especie a otra, como predijo la hipótesis de Darwin.[91] ¡Una teoría científica adecuada debe estar respaldada por evidencia, no por mera conjetura!

Es cierto que de vez en cuando se encuentra un fósil de algo nuevo que combina algunas características de otras dos formas de vida conocidas. A menudo se lo aclama de inmediato en los

---

[89] *On the Origin of Species* (*En el Origen de las Especies*), 1.ª edición. C.Darwin, John Murray, Londres de 1859, capítulo 6, p. 171.

[90] Graeme Lloyd, 4 de mayo de 2008. http://www.askabiologist.org.uk/answers/viewtopic.php?id=1408, visto en octubre de 2016.

[91] Creo que hoy en día Darwin podría haber escrito «género» en lugar de «especie».

medios como «un enlace perdido» o, a veces, incluso como «*el* enlace perdido» como si solo se necesitaran dos etapas de transición para cambiar de una forma a otra. Pero lo único que prueba un nuevo tipo de fósil es que algo vivió una vez que hoy no se conoce. No prueba que una de las cosas a las que se asemeja haya evolucionado hacia la otra, o incluso en qué dirección se fue la supuesta evolución. Eso está bien ilustrado por el fósil de un deinonychus descubierto en 1969, que fue identificado como un dinosaurio parecido a un pájaro y un posible ancestro de las aves, hasta que el descubrimiento en China de antepasados voladores lo convirtió en un pájaro que había perdido la capacidad de volar.[92] Entonces, en lugar de ser un dinosaurio que estaba aprendiendo a volar, ¡se convirtió en un pájaro que había olvidado cómo hacerlo!

Por otro lado, aunque la ciencia popular da la impresión de que los fósiles consisten principalmente en criaturas como pequeñas amonitas aburridas o animales y plantas que ahora están extintas, la gran mayoría tienen las mismas formas de vida que las que existen hoy en día. Los estromatolitos, los fósiles «más antiguos» del planeta con supuestamente 3500 millones de años, todavía se están formando en las lagunas de Australasia y son prácticamente idénticos.[93] Helechos borla, pinos Wollemi, higueras, esponjas, algas, mejillones, medusas, estrellas de mar, cangrejos herradura —supuestamente 445 millones de años—),[94] el increíble nautilus, celacantos, arenques, caballas, langostas, cangrejos de río, tiburones, escorpiones, peces plateados, arañas, cucarachas, libélulas, ranas, tortugas, bueyes almizcleros, antílopes, renos, tigres, zorros árticos, osos y

---

[92] El cambio de estado del deinonychus se describe en una placa que muestra el fósil en una exposición en el Museo Real de Ontario en 2005. *Dinosaurios Emplumados*, El Museo de Dinosaurios, Blanding, UT, EE. UU.

[93] *Evolution's Achilles' Heels* (*Los Talones de Aquiles de Evolution*). Ed. R.Carter, Creation Book Publishers, 2014, p. 139.

[94] Science Daily, 8 de febrero de 2008.

caballos son todos ejemplos fosilizados de criaturas que están vivas actualmente.[95,96,97]

Los depósitos encontrados en el condado de Lincoln, Wyoming, proporcionan algunos de los especímenes más perfectos de peces fósiles y plantas en el mundo... Aparte de los peces, se han descubierto hojas de palma de 6 a 8 pies de largo y de 3 a 4 pies de ancho... un cocodrilo fue encontrado. Se han desenterrado varias garpikes, que varían en tamaño de 4 a 6 pies, al igual que aves de aproximadamente el tamaño del pollo doméstico y que se asemejan al francotirador o al chorlito en conformación general. Además, se han encontrado especímenes de pez luna, lengua de escofina, lubina, chubas, pickerel y arenque, sin mencionar moluscos, crustáceos, aves, tortugas, mamíferos y muchas variedades de insectos.[98]

En general, la única diferencia entre un fósil y su equivalente vivo es que a veces el ancestro fosilizado era mucho más grande. La verdadera evidencia científica del registro fósil es que las especies se han mantenido sin cambios desde sus primeras formas. Es decir, las especies no están evolucionando. ¿Por qué deberían? Si un cangrejo herradura realmente se ha mantenido perfectamente adaptado a su entorno durante 445 millones de años sin sucumbir a ningún depredador recién evolucionado, ¿por qué querría cambiar a otra cosa? La evidencia del registro fósil es completamente consistente con el refrán repetido en Génesis capítulo 1, que Dios creó vegetación, árboles frutales, criaturas marinas, pájaros alados,

---

[95] *Evolution's Achilles' Heel.* (*Los Talones de Aquiles de Evolution*). Ed. R.Carter, Creation Book Publishers, 2014, capítulo 4.

[96] *The World of Living Fossils* (*El Mundo de los Fósiles Vivientes*). Creation Research, Australia, 2003. Un DVD que muestra fotos de fósiles y sus homólogos vivos uno al lado del otro.

[97] *The Quaternary Era, Volume II* (*La Era Cuaternaria, Volumen II*). Edward Arnold Co., Londres, 1957, p. 650.

[98] *Fishing for Fossils* (*Pesca de Fósiles*). Compressed Air Magazine, marzo de 1958, vol.63, p.24.

bestias, ganado e insectos, cada uno *según su especie* (RV y traducción literal). Además de las variaciones dentro de cada tipo —contrasta un perro lobo irlandés con un chihuahua—, la evidencia fósil es que la flora y la fauna han permanecido sin cambios de acuerdo con su tipo desde entonces.

Entonces, ¿por qué creer en la evolución?

En el Capítulo 2 discutí sobre bases lógicas que la teoría de la evolución no puede ser verdad. Aquí he demostrado que tampoco está respaldada por evidencia científica. Entonces, ¿por qué tantos científicos están convencidos de que es verdad? Algunos defensores ardientes de la evolución están motivados principalmente por el odio a Dios o la idea misma de Dios. Pero para muchos de ellos, es simplemente porque no pueden creer en la idea de la creación sobrenatural, y la evolución es la única otra forma en que pueden explicar la existencia de la vida tal como la conocemos. Algunos de ellos lo han admitido abiertamente. Otro David Watson que hasta 1951 fue profesor de zoología y anatomía comparada en el University College de Londres, escribió que la teoría de la evolución es «una teoría universalmente aceptada no porque pueda demostrarse que la evidencia lógicamente coherente es cierta, sino porque la única alternativa, la creación especial, es claramente increíble».[99]

Incluso esta sincera admisión de que la teoría de la evolución no está respaldada por evidencia contuvo mentiras. La teoría de la evolución no es universalmente aceptada, y es increíble solo para aquellos que se niegan a creer en Dios.

---

[99] *Adaptation* (*Adaptación*). D.M.S.Watson, *Nature*, Vol. 124, 10 de agosto de 1929, p.233. La cita y la referencia se dan en el artículo inglesa de Wikipedia en D.M.S.Watson.

8
Las Edades de las Rocas y los Árboles

Datación radioactiva

Según el texto hebreo «Masorético», en el que se basan prácticamente todas las traducciones del Antiguo Testamento, el Diluvio ocurrió alrededor del 2300 a.C., y el mundo tiene actualmente alrededor de seis mil años. Por otro lado, las técnicas de datación radiactiva sugieren que las rocas de la tierra tienen hasta cuatro mil millones de años. ¡Uno u otro está equivocado!

La edad de las rocas se determina utilizando elementos químicos radiactivos. Un elemento radiactivo emite radiación en forma de partículas atómicas, y al hacerlo gradualmente cambia a otro elemento. Se pueden medir las velocidades a las que los diversos elementos radiactivos cambian a otros elementos. El uranio, por ejemplo, muy lentamente se convierte en plomo. Un peso dado de uranio perderá la mitad de su peso en 4,46 mil millones de años —¡dije que cambió muy lentamente!—. La cifra de 4,46 mil millones de años se llama la vida media. Entonces, si una roca tiene 1 g de uranio cuando se formó por primera vez, 4,46 mil millones de años después tendrá solo 0,5 g de uranio, pero tal vez también haya 0,5 g de plomo —no sé si obtienes exactamente 0,5 g de plomo de 0,5 g de uranio, pero entiendes la idea—.

Por lo tanto, a partir de las proporciones medidas de uranio y plomo en una roca, es posible calcular cuánto tiempo ha estado allí el uranio y, de ese modo, qué edad tiene la roca. Por ejemplo, si hay cantidades iguales de uranio y plomo, entonces la mitad del uranio debe haberse convertido en plomo, por lo que la roca debe tener 4,46 mil millones de años. Esa es la teoría tal como la entiendo.

¡Mirad, yo hago todas las cosas viejas!

Cuando supe cómo funcionaba la datación radiactiva, mi primer pensamiento fue: «¿Cómo sabe un geólogo que ya no había plomo en la roca en el principio?». Los geólogos son conscientes de esta y otras dificultades, así que intentan superarlas por varios medios.[100,101] Sin embargo, si Dios hizo todo sobrenaturalmente, toda la base de la datación radiométrica se desmorona. Dios podría haber creado rocas con elementos radiactivos y los elementos estables en los que se descomponen en cualquier proporción que quisiera.

Cuando construí la extensión de mi casa, especifiqué los mosaicos usados para que coincidieran con los existentes. Cualquiera que mire la extensión supondrá que se ha construido al mismo tiempo que la casa principal, no cincuenta años después. Podría haber varias razones por las cuales Dios habría hecho rocas «maduras» en lugar de nuevas. Cuando hizo a Adán y Eva, no pudo tener dos bebés recién nacidos y dejar que se las arreglaran solos: tenía que hacer un hombre y una mujer maduros. Cuando hizo árboles frutales no pudo hacer pequeños retoños de primer año o Adán y Eva no habrían tenido fruta para comer durante varios años: tuvo que hacer

---

[100] *Nuclear Processes in Geologic Settings: Interpretation of lead isotope abundances* (*Procesos Nucleares en Entornos Geológicos: Interpretación de la abundancia de isótopos de plomo*). R.D.Russell, National Academy of Science, publicación del National Research Council 400, 1956, pp.68-78.

[101] *Nuclear Processes in Geologic Settings: Leakage of uranium and lead and the measurement of geological time* (*Procesos Nucleares en Entornos Geológicos: Fugas de Uranio y Plomo y la Medición del Tiempo Geológico*). F.E.Wickman, National Academy of Science, publicación del National Research Council 400, 1956, pp.62-67.

árboles frutales maduros. Cuando hizo las estrellas, no pudo hacer las «nuevas» que recién habían comenzado a brillar, o Adán y Eva habrían muerto antes de poder ver las más distantes; tenía que hacer estrellas «maduras» que aparentemente habían estado brillando por mucho tiempo. Entonces, cuando hizo rocas, podría haber sido igualmente necesario para él hacer rocas maduras que tenían todas las calidades de edad, en lugar de nuevas. ¿Qué ley científica establece que tuvo que hacer una roca con uranio, pero sin plomo, o con samario pero sin neodimio, o con rubidio pero sin estroncio?

En el Capítulo 2 expliqué por qué el universo físico y la vida terrestre podrían haber existido solo sobrenaturalmente. Si las rocas se crearon sobrenaturalmente, la datación radiactiva no podrá determinar su edad, porque las proporciones de elementos radiactivos y elementos no radiactivos que estaban en ellas cuando fueron creadas serán desconocidas. Y dado que es imposible probar a partir de observaciones o mediciones si esta tierra natural se creó de forma natural o sobrenatural, es imposible probar a partir de mediciones de radiactividad si las rocas son realmente viejas o no. Las edades aparentes de las rocas determinadas por la datación radiactiva no son prueba de que el planeta sea un día más antigua de lo que la Biblia implica.

¿Árboles más viejos que la Tierra?

Se cree que los árboles vivos más antiguos tienen alrededor de cinco mil años. Esto significa que, según la Biblia, estos pinos deben haber sobrevivido el Diluvio, lo que parece poco probable, pero no imposible. Lo que no es tan conocido es que se cree que los restos de algunos robles muertos encontrados en Alemania y Suiza tienen más de trece mil años. Si eso es cierto, ¡de acuerdo con la Biblia, deben haber estado creciendo antes de la creación del mundo! Una vez más tenemos un conflicto entre la Biblia y los científicos, esta vez con científicos que se especializan en dendrocronología.

Dendrocronología

El método principal utilizado para determinar la edad de un árbol es contar el número de anillos de crecimiento en el tronco. Cada año, la corteza de un árbol crea un anillo de madera nueva alrededor de su tronco, y dado que la madera cultivada en primavera es de color más claro que la madera de otoño de crecimiento más lento, los anillos anuales se pueden identificar y contar. Probablemente los haya visto en el tocón de un árbol que ha sido talado. Entonces, en general, el número de anillos es igual al número de años que el árbol ha vivido. Los cirujanos de árboles pueden descubrir la cantidad de anillos en un árbol vivo insertando una barrena hueca llamada un barrenador incremental en su tronco y extrayendo un cilindro de madera de 4 mm o 5 mm de diámetro. Este muestra una sección transversal de los anillos de crecimiento sin matar al árbol.

Contar los anillos de crecimiento suena como un método simple e infalible para averiguar la edad de un árbol o la edad que tenía cuando murió. Entonces, ¿es realmente posible que los científicos de árboles que fecharon los pinos y robles pudieran haberse totalmente equivocado?

Anillos de pino bristlecone

Comencemos con los pinos bristlecone. Estos árboles aparentemente longevos crecen en las montañas más altas del suroeste de los Estados Unidos. Según los investigadores Ed Schulman y Tom Harlan, un árbol llamado «Matusalén», que vivía en las Montañas Blancas de Colorado, tenía 4845 años en 2012 y otro árbol sin nombre tenía 5062 años.[102] El artículo de

---

[102] *Rocky Mountain Tree Ring Research* (*Investigación de Anillo de Árbol de Montaña Rocosa*). http://www.rmtrr.org/oldlist.htm, actualizado en enero de 2016 y visto en octubre de 2016.

Wikipedia en *Pinus longaeva* dice que la edad del árbol de Matusalén se midió en un recuento anual de anillos utilizando un barrenador incremental. Pero determinar la edad de Matusalén no fue tan simple como eso. Schulman y Harlan dicen, «Las edades contadas en los anillos se derivan de recuentos simples de anillos y pueden contener errores de edad debido a anillos faltantes o falsos, áreas suprimidas u otras anomalías en los anillos de los árboles». Entonces, en el caso de estos árboles muy viejos, el patrón de anillos se comparó con los patrones de árboles adyacentes similares para construir una imagen más segura, al menos desde los primeros años de los árboles adyacentes más jóvenes.

Contar los anillos de los pinos bristlecone más viejos es particularmente difícil porque la corteza —que es lo que produce los anillos— no se extiende por todo el tronco. Se tuerce en espiral hacia arriba del árbol, y en los especímenes más antiguos, solo una tira estrecha de tejido vivo conecta las raíces con un puñado de ramas vivas. Otra dificultad es que, con un estimado de cinco mil anillos, cada anillo tiene un promedio de 0,36 mm de ancho, lo que hace que la identificación confiable y la coincidencia cruzada sean aún más difíciles. Algunos son tan delgados que se necesita un microscopio para distinguir uno de otro.[103]

Una paradoja y su explicación

Otro factor pone en tela de juicio toda la base del conteo de anillos en el caso de los pinos de bristlecone antiguos. Normalmente se esperaría que un árbol plantado en un buen suelo con abundante lluvia y calor sea más saludable y viva más tiempo que un árbol de la misma especie menos favorecido. De hecho, los pinos de bristlecone aparentemente más antiguos crecen en las peores condiciones imaginables, en las laderas de

---

[103] *Longevity under adversity in conifers* (*Longevidad ante la adversidad en coníferas*). E.Schulman, Science 119:398, 1954.

montañas frías, secas y ventosas. En las Montañas Blancas, la precipitación anual de solo 250 mm cae principalmente como nieve, y en el verano se dice que el aire es el más seco de la tierra. Peor aún, hay tan poca tierra que algunos árboles crecen de poco más que una grieta en las rocas. Como resultado, la lluvia que hay pronto se evapora o drena. Sin embargo, estos pinos de bristlecone en particular tienen tantos anillos que parecen vivir unas diez veces más que los pinos de bristlecone que crecen en condiciones relativamente buenas.[104] Incluso en las Montañas Blancas, los árboles en las laderas orientadas al norte parecen vivir dos veces más que los de las laderas orientadas al sur.[105] ¿Por qué debería ser esto?

La explicación se da en un *Tree-Ring Bulletin* (*Boletín del Anillo de Árbol*) publicado en 1938.[106] Este es un estudio de «anillos anuales falsos» en pino de Monterrey, otra especie de pino y hoy en día conocido como pino radiata. Schulman escribió:

> *Un anillo doble o un anillo múltiple se debe a la interrupción del curso normal de crecimiento de una temporada... tal anillo se conoce como un anillo anual falso... Los anillos falsos de origen climático son esos más comúnmente encontrados... No con poca frecuencia las vicisitudes climáticas causarán no solo uno, sino varios anillos falsos de este tipo.*

---

[104] *Evidence for multiple ring growth per year in Bristlecone Pines* (*Evidencia de crecimiento de múltiples anillos por año en Pinos Bristlecone*). M.Matthews, www.creation.com/bristlecone-pines, visto en octubre de 2016.

[105] *Ancient Trees: Trees that Live for a Thousand Years* (*Árboles Antiguos: Árboles que Viven por Mil Años*). A.Lewington & E.Parker, Collins & Brown Ltd, 1999, p.37. Este libro fue actualizado y republicado por Anna Lewington en 2012.

[106] *Classification of False Annual Rings in Monterey Pine* (*Clasificación de Anillos Anuales Falsos en Pino de Monterrey*). E.Schulman, Tree-Ring Society, Tree-Ring Bulletin 4 (3): 4-7, 1938.

En su libro de 600 páginas, *The Genus Pinus*, Mirov afirma: «Aparentemente, se forma una apariencia de anillos anuales después de cada chaparrón poco frecuente».[107]

En base a esto, parece seguro que los pinos de bristlecone que crecen en condiciones extremadamente áridas han desarrollado un método de supervivencia al crecer un poco cada vez que hay algo de humedad disponible y luego se detienen hasta que llega algo más. En mi opinión, esto se confirma por el hecho de que en el área central de un racimo de pinos bristlecone, donde las condiciones de crecimiento son las mejores, los árboles no tienen más de varios cientos de anillos, mientras que, en los márgenes del rodamiento[108], donde el suelo se adelgaza y las condiciones de crecimiento se vuelven progresivamente más pobres, se encuentran árboles con muchos más anillos.[109] Es muy improbable que tales rodales comiencen con un anillo de árboles en un suelo más pobre que se llenó hacia el centro donde el suelo está mejor con árboles más joven durante un período de quizás mil años. Seguramente es más probable que todos los árboles en un racimo tengan aproximadamente la misma edad, y que los que crecen en los márgenes tengan más anillos de crecimiento simplemente porque están hambrientos de agua y crecen anillos cada vez que hay algo de agua disponible.

Schulman dice que normalmente es posible distinguir tales anillos falsos de los verdaderos anuales, pero en algunos casos donde hay un anillo doble —crecimiento en la primavera y el otoño solamente— los dos anillos parecen idénticos. Glock y sus colegas demostraron que, en climas secos, la banda de madera más oscura que separa un anillo falso del siguiente

---

[107] *The Genus Pinus* (*El Género Pinus*). N.T.Mirov, Ronald Press Co., Nueva York, 1967.

[108] Un racimo de árboles es un grupo de árboles suficientemente uniforme en todos los aspectos para distinguirlo de los grupos adyacentes.

[109] *Environment in Relation to Age of Bristlecone Pines* (*Medio Ambiente en Relación con la Edad de Pinos Bristlecone*). V.C.LaMarche, Ecology 50(1), 1969, pp.56-57.

puede tener límites externos que son tan distintos como los límites externos de un anillo anual verdadero. Por lo tanto, los «anillos falsos» pueden ser indistinguibles de los anillos anuales «verdaderos». La dificultad se multiplica en el caso de los pinos de bristlecone que tienen varios miles de anillos, ya que además de estar incompletos, estos anillos son necesaria y extremadamente delgados. Dado que los patrones de anillos en árboles similares en idénticas condiciones climáticas deben de ser parecidos, tratar de identificar anillos falsos haciendo coincidir los patrones difícilmente puede facilitar su identificación. «El hecho de que las delgadas capas de crecimiento o lentes coincidan de un árbol a otro no prueba su carácter anual», concluyó Glock.[110]

Está claro que los pinos de bristlecone en las condiciones ambientales más duras producen múltiples anillos cada año, que no siempre se pueden distinguir de los anillos anuales. El resultado es que las edades de estos árboles no pueden determinarse contando los anillos, incluso con emparejamiento cruzado, e intentar hacerlo produce edades aparentes mucho mayores que sus verdaderas edades.[111] ¡No tienen cinco mil años!

¿Robles aún más antiguos?

Los robles que se suponía que estaban vivos hace trece mil años en partes de Alemania y Suiza son un caso diferente. En lugar de hablar de la longevidad de los árboles vivos, estamos hablando de trozos de árboles muertos y de decidir cuándo los

---

[110] *Classification and multiplicity of growth layers in the branches of trees* (*Clasificación y multiplicidad de capas de crecimiento en las ramas de los árboles*). W.S.Glock y otros, Smithsonian Miscellaneous Collections 140:1, 1960, p.275.

[111] Para una crítica de la evidencia en apoyo de las edades de cinco mil años, ver *Evidence for multiple ring growth per year in Bristlecone Pines* (*Evidencia de crecimiento de múltiples anillos por año en Pinos Bristlecone*) por M.Matthews, http://creation.com/evidence-for-multiple-ring-growth-per-year-in-bristlecone-pines, visto en octubre de 2016.

árboles de los que vinieron estaban vivos. El propósito de dicha investigación es construir una base de datos de anillos de crecimiento fechados para que las mediciones de su contenido de carbono puedan usarse para determinar el nivel de C_{14} en la atmósfera cada año lo más atrás posible. Es necesario un conocimiento preciso de los niveles históricos de C_{14} para respaldar la precisión de la datación de C_{14}.[112,113]

Es probable que ninguno de los árboles originales haya vivido durante más de mil años, por lo que el método consiste en encadenar piezas de árboles muertos de origen sucesivamente más antiguo al intentar unir secciones superpuestas de sus anillos de crecimiento. El ancho de un anillo de crecimiento depende en gran medida del clima de ese año. En años muy secos, el árbol no crecerá tanto y el anillo de crecimiento será más estrecho. Entonces, a lo largo de los años habrá un patrón de anillos de crecimiento delgados, medianos o anchos que es similar en cada árbol, y el patrón de los primeros años de un árbol más joven será similar al patrón de los últimos años de uno más viejo que lo precedió si sus años de crecimiento se superponen. Siempre y cuando se pueda encontrar una cadena continua de fechas superpuestas, es posible continuar retrocediendo en el tiempo siempre y cuando se puedan encontrar piezas de madera muerta de edades que se superponen. La Figura 2 ilustra cómo se podrían encadenar piezas de madera de tres árboles diferentes de esta manera.

Figura 2: Encadenamiento de los anillos de crecimiento

---

[112] *Atmospheric 14 C variations derived from tree rings during the early Younger Dryas* (*Variaciones atmosféricas del 14 C derivadas de los anillos de los árboles durante las primeras Dryas Más Jóvenes*). Q.Hua y otros, *Quaternary Science Reviews* 28(25-26):2982-90, 2009.

[113] *Lateglacial environmental variability from Swiss tree rings* (*Variabilidad ambiental lateglacial de los anillos de los árboles suizos*). M.Schaub y otros, Quaternary Science Reviews 27(1-2): pp.29-41, 2008.

El procedimiento parece sencillo, pero involucra algunas dificultades serias. La primera es que las secuencias de los anillos de crecimiento no son únicas, especialmente durante varios miles de años, y dos secuencias similares pueden ocurrir con varios siglos de diferencia. Incluso en el mismo período, los patrones de los anillos de crecimiento no son idénticos en todos los árboles. Por lo tanto, se requiere un juicio sobre si un patrón de un árbol coincide o no con el de otro, y si es la única posición posible durante un período de varios miles de años que producirá tal coincidencia.

A modo de ilustración, mira si puedes decidir cuál de las cuatro posibles alineaciones del fragmento grande de un árbol y el fragmento pequeño de otro árbol es correcta en la Figura 3. Recuerda que incluso los patrones de los mismos años podrían no coincidir entre sí exactamente.

Figura 3: Emparejamiento de los anillos de crecimiento (1)

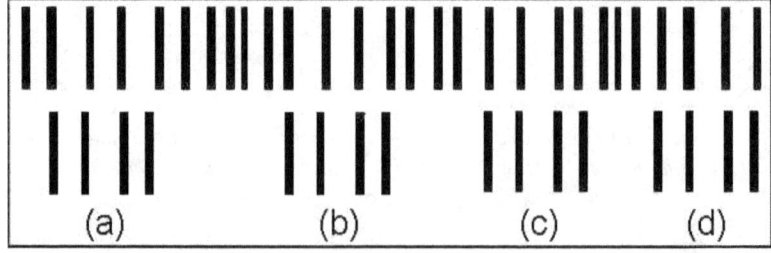

De hecho, ¡ninguno de ellos tiene razón! En la Figura 4, ambos especímenes son de los mismos dos árboles que en la

Figura 3, excepto que un espécimen más largo del primer árbol ahora tiene otros nueve anillos de crecimiento anuales en su extremo derecho. Esto permite encontrar una combinación casi perfecta con el espécimen del segundo árbol.

En la práctica, un espécimen con solo cuatro anillos anuales no se usaría para crear un eslabón en la cadena: el espécimen corto en los diagramas es solo para fines explicativos.

Figura 4: Emparejamiento de los anillos de crecimiento (2)

Una demostración de las incertidumbres inherentes a este procedimiento es que una cronología de Somerset en el sudoeste de Inglaterra y otra temprana, pero detallada, del sur de Alemania fueron «recalculadas» cuando la Universidad Queen's publicó en Belfast, Irlanda del Norte, una contradictoria, aunque los autores de al menos el estudio alemán habían confiado previamente en su precisión.[114]

Secuenciación de anillo y datación C_{14}

Más allá de las incertidumbres con respecto a la correspondencia, existe un problema aún más grave con dichas bases de datos cuando se remontan demasiado en el tiempo. Para hacer uso de un pedazo de madera, su edad aproximada se determina primero usando la datación de carbono 14. Luego se intenta hacer coincidir el patrón de los anillos de crecimiento con un patrón en la cadena de especímenes de una edad similar

---

[114] *A Test of Time* (*Una Prueba de Tiempo*). D.Rohl, Arrow Books, Londres, Apéndice C, 1996.

que ya se ha establecido. Si se encuentra más de una buena coincidencia, la que se elija generalmente será la de una fecha que coincida mejor con la fecha C_{14} del nuevo espécimen.

Pero, aunque la datación de C_{14} puede estar bien para las fechas de los faraones en 2625 a.C., se vuelve muy poco confiable en los años inmediatamente posteriores a la inundación alrededor de 2300 a.C., como he explicado. Inevitablemente, indica fechas mucho antes de lo debido porque los primeros árboles que crecieron después del Diluvio habrían crecido en una atmósfera que inicialmente tenía muy poco carbono radiactivo. Entonces, en lugar de encadenar piezas de árbol más y más viejas, los dendrocronólogos simplemente están encadenando piezas de árbol que tienen cantidades cada vez menores de C_{14}. Después de todo, es difícil creer que los especímenes de madera puedan sobrevivir durante trece mil años sin pudrirse o ser comidos por algo, mientras que podrían sobrevivir en condiciones adecuadas si fueran de árboles que comenzaron a crecer poco después del 2300 a.C. y murieron quinientos años después.

Por supuesto, una vez que se ha establecido una base de datos de anillos de árboles que supuestamente datan de hace trece mil años o más, los anillos de árboles se pueden usar para «probar» la confiabilidad de la datación por radiocarbono, porque la medición de C_{14} de los especímenes más antiguos de la cadena indicará edades de ¡trece mil años o más! No solo los anillos de los árboles son circulares: ¡el argumento que demuestra su vejez también es circular!

9
La Biblia como la Palabra de Dios

¿Es la Biblia verdaderamente la palabra de Dios?

Simplemente creer en la existencia de Dios no nos lleva muy lejos. Es como sentar las bases de una casa sin construir nada sobre ellas. ¿De qué sirve creer en Dios si no construimos nuestras vidas sobre él? Tú y yo no somos accidentes: Dios nos creó con un propósito, un propósito que continuará para siempre. Él quiere que lo conozcamos. Quiere que sepamos cómo es él, que sepamos lo que ha hecho, que sepamos qué pretende hacer y, lo más importante, que sepamos qué quiere que nosotros hagamos. Y debido a que él puede hacer cualquier cosa, ha dispuesto que se nos escriba todo esto. La Biblia, por encima de todos los demás libros, nos dice la verdad sobre Dios y sus planes para el mundo, para ti y para mí. No solo nos dice que él creó el mundo, sino que explica por qué tanto ha salido mal y proporciona una solución en la que tú y yo podemos participar. Entonces, las preguntas finales que debemos abordar ahora son estas: ¿es la Biblia verdaderamente la palabra de Dios?, y si es así, ¿qué diferencia nos hará?

¿De dónde vino la Biblia?

¿De dónde vino la Santa Biblia? Aunque la raza judía comenzó con un hombre, Abraham, los judíos probablemente considerarían el cumpleaños de su nación como el día en que casi setecientos mil hombres hebreos escaparon de Egipto, junto con sus esposas, hijos y animales (Números 1.44-47).[115] El dramático momento en que Moisés abrió una ruta de escape para ellos a través del mar al golpearlo con su bastón a las órdenes de Dios, autenticó a Moisés como un líder que estaba genuinamente en contacto con Dios —me encanta la historia de la maestra de escuela primaria en algún lugar de la antigua Unión Soviética que le dijo a su clase que el mar tenía solo unas pocas pulgadas de profundidad, así que no fue un milagro en absoluto. Una niña pequeña levantó la mano y preguntó, «¿Dios realmente ahogó a todos los soldados y caballos del Faraón en solo unos centímetros de agua? ¡No fue listo!»—.

Durante los cuarenta años siguientes que acamparon en el desierto, Moisés pasó largas horas conversando con Dios. Se registran dos hechos importantes. Una, que «*Dios hablaba con Moisés cara a cara, como quien habla con un amigo*» (Éxodo 33.11), y dos, que Dios frecuentemente le decía a Moisés que escribiera lo que le había dicho (Éxodo 17.14, 24.4, 34.27,28; Deuteronomio 31.9). Moisés mantuvo un registro de sus viajes (Números 33.2), incluso escribió una canción (Deuteronomio 31.22). No, no fue «Baja, Moisés». ¡El Faraón ya había dejado ir al pueblo de Dios!

Moisés había sido educado en el palacio real egipcio y era «poderoso en palabras» (Hechos 7.22), por lo que claramente Dios lo había preparado para su papel como primer archivero de la nación, así como legislador y profeta principal. La tradición oral judía dice que Moisés fue, de hecho, el autor de los primeros cinco libros de la Biblia, desde el Génesis hasta el Deuteronomio. Tenía cuarenta años en el desierto para hacerlo, así que esto era perfectamente posible. Incluso si no fuera directamente responsable de cada palabra de esos libros, podría haber sido el autor del material utilizado por los escribas posteriores para escribir el resto. Pero una cosa me parece

---

[115] Para una discusión de la evidencia histórica externa de la historia de Éxodo, vea el capítulo 10 de *The Bible as History: Second Revised Edition* (*La Biblia como Historia: Segunda Edición Revisada*). W.Keller & J.Rohork, Harper Collins, 2015.

La Biblia como la Palabra de Dios

segura. Si estuvo conversando cara a cara con el Señor durante cuarenta años, le habría preguntado al Señor, entre otras cosas, cómo hizo el mundo. Eso explicaría cómo tenemos una cuenta en Génesis de algo que sucedió antes de que hubiera observadores humanos para registrarlo.[116]

Durante los siglos siguientes, Dios llamó a otros hombres y mujeres a pasar tiempo en su presencia para escuchar y proclamar sus palabras a la nación. Los profetas fueron casi siempre reacios a asumir este papel, por dos razones. En Deuteronomio 18.20-22 Dios dijo, «*El profeta que presuma de hablar en mi nombre y diga algo que yo no le haya mandado decir... será condenado a muerte*». Y cuando la gente preguntaba, «*¿Cómo podremos saber que lo que se ha dicho no es la palabra del Señor?*», la respuesta fue, «*Si lo que el profeta ha dicho en nombre del Señor no se cumple, es señal de que el Señor no lo dijo*». ¡Los astrólogos de hoy día deberían estar agradecidos de que no vivieron en esos días!

En segundo lugar, los profetas sufrieron casi invariablemente abusos o incluso la muerte a manos de reyes rebeldes y personas a las que no les gustaba escuchar la verdad (Mateo 23.34,35). Jeremías fue arrojado a un pozo, Daniel fue arrojado a los leones y Zacarías fue apedreado hasta la muerte en la corte del templo. Todo esto me dice que los relativamente pocos hombres y mujeres de Dios que aceptaron su llamado para ser un profeta y cuyas palabras sobreviven en la Biblia deben haber sido personas realmente especiales, y en cuyas palabras se puede confiar.

---

[116] Una segunda fuente de información sobre cómo Dios creó el mundo habría sido Adán, con quien el Señor también conversó cara a cara. Adán ciertamente habría preguntado: «¿De dónde vengo?». Creo que transmitió a sus descendientes lo que el Señor le dijo, lo que explica la segunda versión de la historia de la creación en Génesis que se centra más en la creación del hombre.

El veredicto de Jesús

La respuesta definitiva a la pregunta, «¿Es la Biblia verdaderamente la palabra de Dios?», se encuentra en Jesucristo. Como escribió el autor de la carta del Nuevo Testamento a los Hebreos: «*En tiempos antiguos Dios habló a nuestros antepasados muchas veces y de muchas maneras por medio de los profetas. Ahora, en estos tiempos últimos, nos ha hablado por su Hijo*» (Hebreos 1.1,2). Como hemos visto, Jesús era en verdad el Hijo de Dios. Entre otras cosas, vino a decirnos la verdad sobre Dios y sus propósitos al crear el mundo. Entonces, si creemos que Jesús es «el camino, la verdad, y la vida» como afirmó ser (Juan 14.6), entonces no tenemos otra alternativa que creer que las cosas que dijo son ciertas. En un momento dijo, «*Yo no hablo por mi cuenta; el Padre, que me ha enviado, me ha ordenado lo que debo decir y enseñar... Así pues, lo que yo digo, lo digo como el Padre me ha ordenado*» (Juan 12.49,50).

Entonces, ¿qué dijo Jesús mismo acerca de las escrituras? Cuando Jesús habló sobre las escrituras, por supuesto, estaba hablando de lo que los cristianos llaman el Antiguo Testamento, lo que los judíos denominan el Tanakh y los musulmanes llaman El Libro. Tendremos que considerar el Nuevo Testamento por separado, pero lo que Jesús dijo sobre el Antiguo Testamento nos deja sin dudas de que él creía que era la verdadera palabra de Dios.

«*...lo que la Escritura dice, no se puede negar*», dijo (Juan 10.35).

«*No sólo de pan vivirá el hombre, sino también de toda palabra que salga de los labios de Dios*» (Mateo 4.4). Jesús estaba citando el libro de Deuteronomio, uno de los primeros cinco libros del Antiguo Testamento.

«*Pues les aseguro que mientras existan el cielo y la tierra, no se le quitará a la ley ni un punto ni una letra, hasta que suceda todo lo que tiene que suceder*» (Mateo 5.18). «La ley» se refería a los primeros cinco libros del Antiguo Testamento. Jesús decía que incluso la parte más pequeña de cada carta individual debe hacerse realidad.

La Biblia como la Palabra de Dios

«¿No han leído ustedes en la Escritura que el que los creó en el principio, "hombre y mujer los creó"?» (Mateo 19.4); una referencia al relato de la creación en Génesis.

«Jesús les dijo: Precisamente por lo tercos que son ustedes, Moisés les permitió divorciarse de su esposa; pero al principio no fue de esa manera» (Mateo 19.8); una referencia al período inmediatamente posterior a la creación antes de que el pecado de Adán y Eva endureciera los corazones de la humanidad.

«Así que sobre ustedes caerá el castigo por toda la muerte de todas las personas buenas que han sido asesinadas desde Abel el justo hasta Zacarías hijo de Berequías, a quien ustedes mataron entre el santuario y el altar» (Mateo 23:35); una referencia al hijo de Adán y Eva, Abel, como la primera persona asesinada.

«Como pasó en los tiempos de Noé, así pasará también en los días en que regrese el Hijo del hombre. La gente comía y bebía y se casaba, hasta el día en que Noé entró en la barca, y llegó el diluvio y todos murieron» (Lucas 17.26,27); una referencia al diluvio como un evento histórico.

«Pues así como Jonás estuvo tres días y tres noches dentro del gran pez...» (Mateo 12.40); una creencia en la verdad literal de la historia de Jonás. La palabra griega significa «monstruo marino», no gran pez.

«...había de cumplirse todo lo que está escrito de mí en la ley de Moisés, en los libros de los profetas y en los salmos» (Lucas 24.44); una creencia en cada profecía del Antiguo Testamento que se señalaba a sí mismo.

Creo que la ilustración más sorprendente de la creencia de Jesús en las escrituras del Antiguo Testamento y su compromiso de vivir de acuerdo con ellas es lo que sucedió en la oscuridad de la noche en que fue arrestado. Con tres de sus discípulos de guardia cerca, le rogaba a su padre celestial fuerzas para enfrentar la terrible experiencia de la crucifixión. De repente aparecieron luces, y una gran multitud armada con espadas y palos lo rodeó. Pedro, fiel hasta el punto de la locura, desenvainó su espada y comenzó a atacarlos. Jesús lo reprendió.

«Guarda tu espada en su lugar. Porque todos los que pelean con la espada, también a espada morirán. ¿No sabes que yo podría rogarle a mi Padre, y él me mandaría ahora mismo más de doce ejércitos de ángeles? Pero en ese caso, ¿cómo se cumplirían las Escrituras, que dicen que debe suceder así? ...todo esto sucede para que se cumpla lo que dijeron los profetas en las Escrituras».

Mateo 26.52-56

En la mente de Jesús, todo lo que los profetas dijeron era verdad; todo lo que predijeron debía cumplirse en el momento señalado, incluso su muerte. Reescribir el guion no era una opción.

De acuerdo con la creencia de Jesús en la verdad de las escrituras, prestó atención minuciosa a su redacción precisa. Para demostrar que hay vida después de la muerte, él preguntó, «*¿No han leído ustedes en el libro de Moisés el pasaje de la zarza que ardía? Dios le dijo a Moisés: "Yo soy el Dios de Abraham, de Isaac y de Jacob". ¡Y Dios no es Dios de muertos, sino de vivos!*» (Marcos 12.26,27). Su argumento fue que debido a que Dios dijo «soy» con el verbo en tiempo presente y no «fui», Abraham, Isaac y Jacob todavía deben haber estado vivos.

De manera similar, Jesús citó el versículo 1 del Salmo 110 del rey David, «*El Señor dijo a mi señor*», para demostrar que David consideraba al Mesías como alguien que sería mucho más grande que él mismo; «mi señor». Tal atención a los detalles de las palabras en las escrituras es típica de los rabinos judíos ortodoxos incluso hoy.

Pablo luego escribiría, «*...nosotros tenemos la mente de Cristo*» (1 Corintios 2.16). Tener la mente de Jesucristo es creer, como lo hizo Jesús, que lo que se escribió originalmente en el Antiguo Testamento es cierto, sea lo que pueda pensar el mundo incrédulo de hoy. «*Toda Escritura está inspirada por Dios...*», declaró Pablo (2 Timoteo 3.16), y los otros escritores del Nuevo Testamento estaban totalmente de acuerdo con él.

La Biblia como la Palabra de Dios

¿Confiable o distorsionado?

Inevitablemente, algunos cambios menores en el texto original pueden haberse infiltrado en el Antiguo Testamento a través del proceso de copiar manuscritos a mano, pero los escribas conservaron sus escrituras con tanta consideración que tuvieron mucho cuidado de copiarlas con precisión. James McClinton[117] nos dice que un método que emplearon para evitar errores fue usar «sumas de verificación» similares a las utilizadas por los programadores de computadoras modernos. A los efectos de contar, cada letra del alfabeto hebreo también tiene un valor numérico. Por ejemplo, Aleph = 1, Beit = 2, y más adelante Nun = 50 y Kuf = 100. Cuando hacían una copia de las escrituras, los escribas agregaban los valores de todas las letras en cada fila y columna del documento original y los compararon con las sumas correspondientes en el documento copiado para verificar que los dos documentos fueran idénticos. Los rollos del mar Muerto, descubiertos entre 1946 y 1956, incluían todos los libros del Antiguo Testamento excepto uno, aunque a pesar de que fueron escritos más de mil años *antes* del texto hebreo actualmente aceptado, no hay diferencias significativas entre ellos.

Es cierto que cuando el hebreo original se traduce a otros idiomas, las traducciones no siempre representan con precisión el significado original. A veces puede ser necesario comparar diferentes traducciones o incluso volver al hebreo original —o griego, en el caso del Nuevo Testamento— para estar seguro del significado original.

¿Literal o legendario?

Si bien la Biblia es verdadera, no todas las palabras están destinadas a tomarse literalmente. Incluye metáforas, parábolas y otras figuras retóricas. David no quiso decir literalmente que

---

[117] *Quid Pro Quirk*. J.McClinton, WestBow Press, 2014.

Dios era una roca (Salmo 28.1), ¡tampoco el amante de la canción de Salomón realmente quería que los senos de su amada fueran racimos de uvas! (Canción de Salomón 7.8). El profeta Natán le contó al rey David una historia sobre un hombre rico que robó el único cordero de un pobre para proporcionar una comida a su invitado, para obligar al rey a darse cuenta de lo mal que se había comportado en su propio tratamiento de un súbdito. Claramente, esta era una parábola que Nathan había inventado para la ocasión —una parábola es una historia terrenal con un significado celestial—. Sin embargo, es obvio para cualquier lector imparcial que los primeros cinco libros de la Biblia y los libros históricos que los siguen fueron entendidos literalmente, y así es ciertamente cómo Jesús los entendió.

Cuando hay dudas, ¿cómo podemos saber si un pasaje debe tomarse literalmente? John Wesley, el fundador del metodismo en el siglo XVIII, escribió: «Es una regla establecida al interpretar las Escrituras que nunca se aparten del sentido simple y literal a menos que implique un absurdo».[118] Él quiso decir que siempre debemos entender que una palabra o una oración signifique lo que claramente dice siempre que tenga sentido hacerlo.

En el caso del relato bíblico de una creación de seis días en el primer capítulo de Génesis, interpretarlo literalmente es absurdo solo si Dios no existe o si nunca hace nada sobrenatural. Pero si el mundo fue creado sobrenaturalmente —y he argumentado en el Capítulo 2 que no podría haber sido creado de otra manera—, entonces Dios podría haberlo hecho en cualquier orden y en cualquier período de tiempo que él eligiera. En ese caso, no hay nada absurdo en interpretar el relato de la creación en el libro de Génesis literalmente, por lo

---

[118] *Sermon 74: Of the Church* (*Sermón 74: De la Iglesia*). J.Wesley, *Sermons on Several Occasions* (*Sermones Sobre Varias Ocasiones*), Wesleyan Conference Office, Londres, 1876, párr. 12.

tanto así es como debe interpretarse y entenderse, según la regla de Wesley.

En particular, el primer capítulo de Génesis no es un poema como afirman algunos maestros de la Biblia. La poesía hebrea tenía su propio estilo especial. No tenía líneas que riman como suele tener la poesía inglesa, ni tenía un medidor obvio como los himnos tradicionales. La poesía hebrea generalmente tenía la forma de coplas que decían lo mismo de diferentes maneras o proporcionaban dos aspectos contrastantes de la misma verdad. De esta forma, el cantor, o líder de adoración, podría decir la primera parte de cada pareado, y la congregación podría responder con la segunda parte. Por ejemplo, el Salmo 100 comienza:

> *¡Canten al Señor con alegría,* **habitantes de toda la tierra!**
> *Con alegría adoren al Señor;* **¡con gritos de alegría vengan a su presencia!**
> *Reconozcan que el Señor es Dios;*
> **él nos hizo y somos suyos; ¡somos pueblo suyo y ovejas de su prado!**
> *Vengan a sus puertas, entren en su templo cantando himnos de alabanza y gratitud.*
> **¡Denle gracias, bendigan su nombre!**

El primer capítulo de Génesis no es nada de eso. Pero incluso si fuera un poema, aún podría ser literalmente cierto. Otro buen ejemplo de poesía hebrea es la canción de celebración que Moisés y su pueblo cantaron después de escapar de Egipto (Éxodo 15.1-18). Cada palabra de eso era literalmente cierta.

La confiabilidad del Nuevo Testamento

¿Qué pasa con el Nuevo Testamento? Como ya he dicho, gran parte de esto fue escrito por los primeros discípulos de Jesús o sus asociados cercanos, Mateo, Marcos, Lucas, Juan y Pedro.

Incluso hay una carta escrita por Santiago, el medio hermano de Jesús. La mayoría de las cartas en el Nuevo Testamento fueron escritas por Pablo. No fue uno de los discípulos originales, sino un rabino judío altamente entrenado. El Señor Jesús resucitado se le apareció y lo designó personalmente como predicador y maestro para el mundo no judío. En un curioso comentario sobre las cartas de Pablo, Pedro escribió;

Acerca de esto también les ha escrito a ustedes nuestro querido hermano Pablo, según la sabiduría que Dios le ha dado. En cada una de sus cartas él les ha hablado de esto, aunque hay en ellas puntos difíciles de entender que los ignorantes y los débiles en la fe tuercen, como tuercen las demás Escrituras, para su propia condenación.

2 Pedro 3.15,16

Pedro, el expescador, evidentemente luchó a veces para seguir algunos de los argumentos aprendidos de Pablo, no obstante, se refirió a las cartas de Pablo como entre «las demás Escrituras», colocándolas a la par con el Antiguo Testamento.

Los primeros versos de la historia del evangelio de Lucas nos dan una idea del deseo de Lucas de informar solo la verdad.

Muchos han tratado de escribir la historia de los hechos sucedido entre nosotros, tal y como nos enseñaron quienes, habiéndolos visto desde el comienzo, recibieron el encargo de anunciar el mensaje. Yo también, excelentísimo Teófilo, lo he investigado todo con cuidado desde el principio, y me ha parecido conveniente escribirte estas cosas ordenadamente, para que conozcas bien la verdad de lo que te han enseñado.

Lucas 1.1-4

Estos autores del Nuevo Testamento eran muy conscientes de la diferencia entre la verdad y la falsedad. Pedro escribió,

La Biblia como la Palabra de Dios

La enseñanza que les dimos sobre el poder y el regreso de nuestro Señor Jesucristo, no consistía en cuentos inventados con maña, pues con nuestros propios ojos vimos al Señor en su grandeza. Lo vimos cuando Dios el Padre le dio honor y gloria, cuando la voz de Dios le habló de aquella gloriosa manera: «Éste es mi Hijo amado, a quien he elegido». Nosotros mismos oímos aquella voz que venía del cielo, pues estábamos con el Señor en el monte sagrado.

2 Pedro 1.16-18

Además, Jesús prometió a sus seguidores una ayuda especial para registrar sus enseñanzas y acciones después de que los dejara. «*...el Espíritu Santo, el Defensor que el Padre va a enviar en mi nombre, les enseñará todas las cosas y les recordará todo lo que les he dicho*» (Juan 14.26). «*Cuando venga el Espíritu de la verdad, él los guiará a toda verdad...*» (Juan 16.13). Por lo tanto, si Jesús era el Hijo de Dios, y su resurrección es la prueba de ello, entonces la verdad general del Nuevo Testamento no puede estar en duda.

Es cierto que los cuatro escritores del Evangelio no siempre informan las enseñanzas de Jesús o los eventos exactamente de la misma manera, pero esto solo refleja las diferencias que siempre ocurren cuando los testigos de un evento real informan lo que han visto y escuchado desde diferentes perspectivas. Después de todo, si los cuatro Evangelios fueran idénticos, sería obvio que tres de los escritores simplemente habían copiado al cuarto, quien podría haber inventado todo. ¿No es eso lo que sucede con frecuencia en Internet hoy?

Como en el Antiguo Testamento, no todo en el Nuevo Testamento está destinado a ser tomado literalmente. La enseñanza de Jesús, en particular, incluye muchas parábolas —por ejemplo, la parábola del hijo pródigo en Lucas capítulo 15—. Hay metáforas —«el Cordero de Dios» en Juan capítulo 1; Jesús no era realmente un cordero—, figuras retóricas —«una espina en la carne» en 2 Corintios capítulo 12— y visiones simbólicas —la gran ramera en el capítulo Apocalipsis 17—. Pero cuando un pasaje debe entenderse literalmente, generalmente es obvio. Es posible que a veces necesitemos la ayuda del Espíritu Santo para separar la verdad literal de otros tipos de verdad, pero podemos tener esa ayuda si nuestras mentes y corazones están abiertos al Espíritu.

Es cierto que dos asuntos que necesitan alguna explicación son por qué Jesús les dijo a sus primeros discípulos que regresaría durante sus vidas, y cómo un Dios misericordioso puede enviar a las personas a un tormento eterno en el infierno, si en efecto lo hará. Responderé estas dos preguntas en *La Fecha del Regreso de Cristo*.

Pero volvamos a lo esencial. El Señor mismo quiere hablarnos a través de las palabras que sus apóstoles, profetas y maestros elegidos han grabado para nosotros. Por eso los eligió y los entrenó. Nuestra respuesta a lo que dice a través de ellos determinará nuestro destino eterno, ¡y eso incluye el tuyo! Como Juan escribió cerca del final de su Evangelio, «*...éstas se han escrito para que ustedes crean que Jesús es el Mesías, el Hijo de Dios, y para que creyendo en él tengan vida*» (Juan 20.31). Apocalipsis 21.5 dice, «*...estas palabras son verdaderas y dignas de confianza*». Así es como Jesús consideró el Antiguo Testamento, y así quiere que nosotros también consideremos el Nuevo Testamento; es un documento único escrito por personas a quienes el Señor mismo equipó, designó, inspiró y confió para transmitir su mensaje de salvación a ti y a mí.

Algunas profecías asombrosas en el Antiguo Testamento

Veamos ahora algunas de las profecías hechas en el Antiguo Testamento y veamos cómo se cumplieron en el pasado o en el presente. Espero que esto aumente tu confianza en lo que la Biblia todavía tiene que decir sobre los eventos que están por venir.

Génesis 12.1,2 dice, «*Un día el Señor le dijo a Abram: "...Con tus descendientes voy a formar una gran nación; voy a bendecirte y hacerte famoso, y serás una bendición para otros"*». Hoy en día, casi todos han oído hablar de Abraham; su nombre es ciertamente destacado. Según la Lista de Multimillonarios de Forbes en

La Biblia como la Palabra de Dios

2013, veinticuatro de los cien hombres más ricos del mundo eran judíos; o si no eran judíos, al menos eran *judiosos*, como se describió una vez el artista Sammy Davis Junior. Dado que los hombres judíos representan solo el 0,1 % de la población mundial, es decir, uno de cada mil, el hecho de que veinticuatro de los cien hombres más ricos sean judíos es un cumplimiento asombroso de la promesa de Dios de bendecir a Abraham y a sus descendientes. Por el contrario, la nación de Israel ha bendecido poderosamente al mundo a través de su revelación de Dios y al dar a luz a Jesucristo.

El primer hijo de Abraham, Ismael, fue el antepasado de la raza árabe. Un ángel le dijo a la madre de Ismael, Agar, «*Será arisco como un potro salvaje; luchará contra todos, y todos contra él; pero él afirmará su casa aunque sus hermanos se opongan*» (Génesis 16.12). Hoy, la hostilidad de los árabes hacia la nación de Israel y la hostilidad mutua entre los árabes sunitas y chiitas son un claro cumplimiento de esas palabras de profecía.

Se cree que hay unas trescientas profecías en el Antiguo Testamento sobre el nacimiento, la vida, la muerte y la resurrección de Cristo. Su nacimiento de una virgen en Belén, su ministerio en Galilea, sus milagros de curación, su entrada a Jerusalén en un burro, su traición por treinta piezas de plata; estos y más aspectos de su vida fueron anunciados cientos de años anteriormente.

Dos de las profecías más notables se refieren a su muerte. Según los escritores del Evangelio y el historiador judío del siglo I Flavio Josefo, Jesús murió por crucifixión. Este fue un método horrible de ejecución que se menciona por primera vez en la historia en 519 a.C. La Enciclopedia Británica dice que Darío I, rey de Persia, crucificó a tres mil opositores políticos en Babilonia. Los escritores del Evangelio nos dicen que, en su juicio, Jesús guardó silencio ante las acusaciones hechas contra él, Pilato lo condenó a muerte ilegalmente y lo azotó, y cuando los soldados romanos clavaban las manos en la cruz él rezó: «*Padre, perdónalos, porque no saben lo que hacen*» (Lucas 23.34). Mateo nos dice que los sacerdotes, los escribas y los ancianos que lo observaban se burlaban de él, diciendo, «*Salvó a otros, pero a sí mismo no puede salvarse... Ha puesto su confianza en Dios: ¡pues que Dios lo salve ahora, si de veras lo quiere! ¿No nos ha dicho que es Hijo de Dios?*» (Mateo 27.42,43). Los cuatro soldados de servicio dividieron sus pocas ropas entre ellos, pero en lugar de cortar su túnica en cuatro, tiraron dados. Se habría quedado con un taparrabos a lo sumo. Murió en nueve horas entre dos ladrones que fueron crucificados con él, y su cuerpo fue enterrado por un hombre rico, José de Arimatea, en su jardín. Ese es un resumen de cómo Jesús fue sentenciado y ejecutado.

Ahora, unos setecientos años antes, Isaías escribió,

Mi siervo tendrá éxito, será levantado y puesto muy alto. Así como muchos se asombraron de él, al ver su semblante, tan desfigurado que había perdido toda apariencia humana... Los hombres lo despreciaban y lo rechazaban... Fue maltratado, pero se sometió humildemente, y ni siquiera abrió la boca; lo llevaron como cordero al matadero, y él se quedó callado, sin abrir la boca, como una oveja cuando la trasquilan. Se lo llevaron injustamente, y no hubo quien lo defendiera; nadie se preocupó de su destino. Lo arrancaron de esta tierra, le dieron muerte por los pecados de mi pueblo. Lo enterraron al lado de hombres malvados, lo sepultaron con gente perversa, aunque nunca cometió ningún crimen ni hubo engaño en su boca... [él] fue contado entre los malvados, cuando en realidad cargó con los pecados de muchos e intercedió por los pecadores.
De Isaías 52.13 a 53.12

Sorprendentemente, Isaías predijo la posterior resurrección y obra de salvación de Cristo:

Puesto que él se entregó en sacrificio por el pecado, tendrá larga vida y llegará a ver a sus descendientes; por medio de él tendrán éxito los planes del Señor. Después de tanta aflicción verá la luz, y quedará satisfecho al saberlo; el justo siervo del Señor liberará a muchos, pues cargará con la maldad de ellos. Por eso Dios le dará un lugar entre los grandes, y con los poderosos participará del triunfo...

La Biblia como la Palabra de Dios

Isaías 53.10-12

¡Isaías debe haberse preguntado de qué demonios estaba hablando!

Incluso antes de Isaías, y siglos antes de que se supiera la crucifixión, el rey David predijo la manera de la muerte de Cristo en el Salmo 22:

Los que me ven, se burlan de mí; me hacen muecas, mueven la cabeza y dicen: «Éste confiaba en el Señor; pues que el Señor lo libre. Ya que tanto lo quiere, que lo salve…» Como perros [un término judío despectivo para los gentiles] una banda de malvados me ha rodeado por completo; me han desgarrado las manos y los pies. ¡Puedo contarme los huesos! Mis enemigos no me quitan la vista de encima; se han repartido mi ropa entre sí, y sobre ella echan suertes.

Salmo 22.7,8,16-18

Otros mil años pasaron antes de que Cristo fuera crucificado. Mateo describió la escena:

Cuando ya lo habían crucificado, los soldados echaron suertes para repartirse entre sí la ropa de Jesús… se burlaban de él los jefes de los sacerdotes y los maestros de la ley, junto con los ancianos. Decían: «Salvó a otros, pero a sí mismo no puede salvarse. Es el Rey de Israel: ¡pues que baje de la cruz, y creeremos en él! Ha puesto su confianza en Dios: ¡pues que Dios lo salve ahora, si de veras lo quiere! ¿No nos ha dicho que es Hijo de Dios?

Mateo 27.35,41-43

El Salmo 22 comienza, «*Dios mío, Dios mío ¿por qué me has abandonado?*», las mismas palabras que Jesús gritó en la cruz.

Hasta donde sé, ninguno de los libros sagrados de otras religiones importantes profetiza eventos futuros con tanto detalle. Solo el Señor Dios, el creador del mundo y el Dios de Israel, puede predecir el futuro de manera veraz y precisa. A través de los profetas del Antiguo Testamento, predijo los eventos que sucederían en la vida de Jesús en su primera venida. A través de esos mismos profetas del Antiguo Testamento y los apóstoles del Nuevo Testamento, y sobre todo a través de su hijo Jesús, Dios también ha predicho eventos que aún tienen lugar. Muchas de estas profecías adicionales se cumplirán cuando Cristo regrese. El resto, finalmente se cumplirá cuando Dios cree su nuevo cielo y tierra prometidos en el momento que aquellos que lo aman vivirán una vez más en un mundo perfecto, liberado del pecado y la muerte.

10
Las Mejoras Buenas Noticias

Hacer una diferencia

Algunas cosas que aprendes hacen poca o ninguna diferencia en tu vida. El pronosticador del tiempo anuncia: «Hoy habrá nieve en las colinas Escocesas». A menos que sea un pastor escocés o esté allí para unas vacaciones de esquí, el pronóstico del tiempo allá probablemente no lo afectará en lo más mínimo.

«La expectativa de vida promedio es ahora de ochenta y dos años». Esa es ciertamente una buena noticia, pero saber que podría vivir uno o dos años más de lo que pensaba no va a hacer mucha diferencia en este momento, ¡a menos que tengas casi ochenta años!

Pero qué pasa con: «Hemos confirmado nuestro diagnóstico inicial de su condición. Lamento decirle que probablemente tengas tres meses más para vivir como máximo». Ahora eso *marcaría* la diferencia. Si todavía tuvieras la fuerza, es posible que desearas pasar el tiempo restante haciendo algunas de las cosas que siempre quiso hacer, pero que nunca tuvo la oportunidad de hacer o nunca se atrevió a intentar. Tal vez visitarías Israel o Tahití, o tomarías un crucero por el Mediterráneo, o realizarías paracaidismo, ¡o cumplirías una fantasía de toda la vida y reservaría unas vacaciones de quince días en un *resort* naturista! Te gustaría poner tus asuntos en orden para tu familia; hacer un testamento si es necesario; anotar tus deseos para tu funeral. Es posible que quisieras buscar la reconciliación con alguien con quien te hubieras peleado; perdonar a alguien que te haya hecho daño; o incluso pedir perdón a alguien a quien se lo hayas hecho tú. Es posible que simplemente pretendieras decirle a alguien algo que siempre quisiste decir pero que de alguna manera nunca se te ocurrió.

Tus prioridades cambiarían dramáticamente. Algunas cosas que antes te parecían importantes —tal vez la posibilidad de promoción en el trabajo o el valor de tus ahorros o acciones—, de repente se volverían totalmente irrelevantes. Por otro lado, una pregunta que nunca se te había pasado por la cabeza sin previo aviso podría convertirse en la pregunta más importante de todas. Y esa pregunta podría ser: «Si algunas personas realmente continuarán viviendo después de morir en un tipo de vida real que cumpla todos sus deseos más profundos, ¿qué debo hacer para unirme a ellos?».

Las mejoras buenas noticias

Si la Biblia es verdadera después de todo, entonces las noticias que nos dicen son las más emocionantes e inspiradoras que cualquiera podría aprender o escuchar, noticias con el poder de revolucionar la vida. La Biblia nos dice que esta corta vida en la tierra está destinada a ser solo una prueba, no toda la historia. Toda la historia está disponible para cualquiera que confíe cien por ciento en Jesucristo y sus promesas. Porque la oferta especial anunciada en la Biblia es mucho más que la noticia de que hay un Dios que te ama, que está dispuesto a perdonar tus pecados si te arrepientes de ellos, y que quiere tener una relación personal contigo ahora y para siempre. Es más que una promesa rescatarlo de todo lo que lo esclaviza, y darle en lugar de una nueva vida llena de esperanza, alegría y satisfacción. Es todo eso, realmente lo es, pero es mucho, mucho más que eso. Como escribió San Pablo, «*Si nuestra esperanza en Cristo solamente vale para esta vida, somos los más desdichados de todos*» (1 Corintios 15.19).

La buena noticia completa, comenzando en el primer capítulo de la Biblia y terminando en el último, es que el Dios que creó este mundo presente sobrenaturalmente hace seis mil años hará otro. Él va a crear una nueva tierra, y esta vez será un mundo libre de podredumbre, enfermedad, muerte y todo lo que ha sido el resultado del pecado. Él vivirá en esta tierra renovada en la persona de su hijo Jesucristo. Jesús será rey, y todos los que estén dispuestos a vivir bajo su reinado están invitados a unirse a él en el reino perfecto por venir. Así es como la Biblia expresa esta maravillosa noticia:

> *...lo que ahora sufrimos no tiene comparación con la gloria que nos dará después. Porque la creación aguarda con paciencia y esperanza el día en que Dios ha de resucitar a sus hijos. Nosotros también esperamos ansiosamente ese día en que se nos concedan nuestros plenos derechos como hijos de Dios, que incluyen el tener los cuerpos nuevos que nos ha prometido, cuerpos que jamás volverán a enfermar ni a morir.*
>
> Romanos 8.18,19,23 (BD)

> *Después vi un cielo nuevo y una tierra nueva; porque el primer cielo y la primera tierra habían dejado de existir, y también el mar... Dios mismo estará con ellos como su Dios. Secará todas las lágrimas, y ya no habrá muerte, ni llanto, ni lamento, ni dolor; porque todo lo que antes existía ha dejado de existir.*
>
> Apocalipsis 21.1,3,4

Y así es como el discípulo favorito de Jesús, Juan, expresó el corazón de esa promesa en la misma Biblia: «*Dios amó tanto al mundo, que dio a su Hijo único, para que todo aquel que cree en él no muera, sino que tenga vida eterna*» (Juan 3.16).

Tu elección, tu decisión

Ese versículo en el Evangelio de Juan nos ofrece a ti y a mí una opción simple. Cuando morimos podemos perecer o podemos vivir para siempre. Al creer en Jesús puedes volver a la vida en un cuerpo nuevo, tal como lo hizo él cuando resucitó de entre los muertos. Puedes vivir con Jesús para siempre en la nueva creación de Dios y disfrutar de la vida en toda su plenitud, la vida como era para comenzar en el Jardín del Edén, la vida como siempre estuvo diseñada a ser.

«Todo aquel que cree en él...» La gran pregunta es: ¿qué significa creer en Jesús?

Cuando yo tenía unos diecisiete años, pasé la primera semana de enero con otros Scouts escalando montañas en Snowdonia. Esta es una región montañosa en el norte de Gales. Un hombre llamado Len fue asignado para ser nuestro guía. Hacia el final de la semana hizo un anuncio inesperado. Quería llevarnos a la cima de la montaña Snowdon, no por una de las rutas más fáciles, sino por la temida cresta de Crib Goch. La cresta es un filo de roca de una milla de largo con una fuerte caída de 1000 pies (300 metros) a cada lado. Incluso los escaladores experimentados han muerto a causa de Crib Goch, ya que la cresta tiene solo unos pocos pies de ancho en la parte superior y hay poco a lo que aferrarse. Peor que eso, ¡íbamos a cruzarlo en las profundidades del invierno, cuando está cubierto de nieve profunda!

No tuvimos que ir con Len. Teníamos una opción. Podríamos ir con él o pasar el día en la seguridad y el calor del hostal en Llanberis. ¡Sabíamos que si decidíamos confiar en Len para llevarnos a salvo a Crib Goch, tendríamos que seguir sus instrucciones al pie de la letra! Pero, por supuesto, todos fuimos con él.

Definitivamente fue aterrador. Cuando llegamos a la cresta, algunos de los Scouts incluso decidieron arrastrarse sobre la nieve con las manos y las rodillas en lugar de arriesgarse a caminar a pie. Pero de alguna manera todos logramos seguir a Len a salvo hasta la cima. De pie sobre la pila de rocas que coronaban el pico más alto de Gales, pudimos ver hasta Anglesey a través del estrecho de Menai en el oeste, y hacia el noreste, Wirral y Liverpool en el extremo del río Dee. ¡Y lo que nos hizo tan felices fue que había un camino detrás más fácil y una comida caliente esperándonos en el hostal! Tal expedición nunca sería permitida en estos días de salud y seguridad forzadas. Hubiera tomado un solo resbalón para que alguien cayera a su muerte ese enero.

Cerca del comienzo de los tiempos, a Adán le tomó solo una rebelión caer en el pecado para perder la vida eterna, tanto para él como para el resto de la raza humana (Romanos 5.12). Así de grave es el pecado. Todos los problemas en este mundo son causados directa o indirectamente por el pecado. Y eso es algo que también causa dolor a Dios, dolor intenso, porque ama a su creación, y a la gente sobre todo. Entonces, cuando comience con un nuevo planeta Tierra, esta vez no permitirá que el pecado lo estropee. Y eso tiene una implicación inevitable: no puede haber pecadores en él (Apocalipsis 21.27).

Entonces, si tú y yo vamos a vivir en el reino venidero, debemos ser cambiados. Solo una persona ha vivido sin pecado, y él es el único que puede ayudarnos a hacer lo mismo. Solo una persona ha vencido a la muerte, y él solo es quien puede ayudarnos a vencerla también. Solo una persona siempre ha vivido y siempre vivirá, y él es el único que realmente puede ofrecernos la vida eterna en toda su plenitud. El nombre de esa persona es Jesucristo. *«En ningún otro hay salvación, porque Dios no nos ha dado a conocer el nombre de ningún otro en el mundo por el cual podamos ser salvos»* (Hechos 4.12).

Jesús está vivo ahora. Su resurrección lo demostró, y sus promesas lo afirmaron. Él está cerca de cada uno de nosotros por su Espíritu. Él está cerca de ti mientras lees esto. Creer en él significa confiar en él, así como nosotros hubimos confiado en Len. Significa poner tu confianza en Jesús para salvarte del pecado, liberarte de todo lo que te mantendrá alejado del reino de Dios y darte vida eterna. Poner tu confianza en él significa estar dispuesto a seguir sus instrucciones implícitamente, ponerlo primero en todo lo que haces y comenzar a vivir ahora con él como tu rey, tal como vivirás cuando entres en su reino eterno. ¿Puedes confiar en Jesús lo suficiente como para entregar tu vida a él como tu Salvador y Señor? Él una vez murió por ti. ¿Vivirás para él?

Es tu decisión. Puedes hacerlo ahora mismo.

Comienza una nueva vida aquí y ahora

Encuentra un lugar tranquilo donde puedes hablar en voz alta con Jesús. Él ha estado esperando este momento desde antes de que nacieras. Usa tus propias palabras o di la siguiente oración si expresa lo que hay en tu corazón.

Querido Señor Jesús,
Creo que eres el Hijo de Dios. Tú sabes quién soy. Me doy cuenta de que debido a mi pecado estoy bajo sentencia de muerte. Realmente lamento las cosas incorrectas que hice, dije y pensé —Si hay algo en particular en tu conciencia, menciónalo—.
Por favor, perdóname. Con tu ayuda, ahora quiero vivir como tú quieres y cumplir el propósito para el que me hiciste.
Señor Jesús,
Te agradezco mucho que hayas muerto en la cruz para que yo pueda ser perdonado y liberado del pecado para vivir para siempre en tu reino.
Ahora te abro la puerta de mi vida. Por favor, ven como mi salvador y Señor, y ayúdame a vivir para ti desde este momento en adelante.
Gracias, Señor Jesús.

Jesús dijo: «*Todos los que el Padre me da, vienen a mí; y a los que vienen a mí, no los echaré fuera*» (Juan 6.37). Si oraste así y lo dijiste en serio, puedes estar seguro de que Jesús te ha aceptado y restaurado a una relación correcta con el Padre; que todos tus pecados han sido perdonados y que tienes la promesa de la vida eterna.

«...*si confesamos nuestros pecados, podemos confiar en que Dios hará lo que es justo: nos perdonará nuestros pecados y nos limpiará de toda maldad*» (1 Juan 1.9).

Las Mejores Buenas Nuevas

«...*la voluntad de mi Padre es que todos los que miran al Hijo de Dios y creen en él, tengan vida eterna; y yo los resucitaré en el día último*» (Juan 6.40). ¡Qué gran promesa!

La Biblia dice que cuando creemos en Jesús para salvarnos y recibirlo como señor de nuestra vida, nos convertimos en hijos de Dios (Juan 1.12). Aquí hay algunas sugerencias para tus primeros pasos como nuevo hijo o hija de Dios.

Tome nota permanente de la fecha.
¡Es tu nuevo cumpleaños! Querrás recordar este día en el futuro.
«...*el que está unido a Cristo es una nueva persona. Las cosas viejas pasaron; lo que ahora hay, es nuevo*» (2 Corintios 5.17).
Tomar nota de la fecha es como inscribir el día en que se inicia un edificio en la primera piedra. ¡Dios va a construir algo increíble de ti!

Dile a alguien lo que has hecho.
«*Si con tu boca reconoces a Jesús como Señor, y con tu corazón crees que Dios lo resucitó, alcanzarás la salvación*» (Romanos 10.9).
Decirle a alguien es como cementar la primera piedra en su lugar.

Ser bautizado.
«*El que crea y sea bautizado, será salvo; pero el que no crea, será condenado*» (Marcos 16.16).
En la Biblia, el bautismo significa estar sumergido en agua por los líderes de la Iglesia. Es una forma de hacer pública tu decisión de pertenecer a Jesús, así como una boda es una forma de hacer pública la decisión de compartir la vida de alguien con otra persona de forma permanente. El bautismo no te «salva», pero es cómo le muestras a Jesús que estás dispuesto a obedecerlo, y cómo él te asegura que tus pecados han sido lavados y que tu nueva vida con él realmente ha comenzado. Es

la forma designada por Dios para hacer que tu unión con su Hijo sea final, pública y permanente.

Para ser bautizado, tendrás que encontrar una iglesia si aún no perteneces a una. Las congregaciones pueden ser grandes o pequeñas, formales o informales, vivas o muertas. Una buena iglesia local te dará la bienvenida a la familia de Dios y te ayudará a crecer como hijo de Dios. Haz una búsqueda en Internet de «Iglesia animada en Pelotillehue / Sacachispas / Jerez Botallada / Salsipuedes» o donde sea que vivas, para encontrar lo que está disponible. Si se enumeran varias iglesias, pídale a Dios que te guíe y trata de visitar dos o tres de ellas los domingos hasta que sientas que has encontrado una que podría convertirse en tu hogar espiritual. ¡Asegúrate de que hagan los bautizos por la inmersión!

Recibe al Espíritu Santo.
Pide a Dios que te llene de su Espíritu Santo, o pide a los líderes de la iglesia en tu bautismo que oren para que lo haga.

«*...si ustedes, que son malos, saben dar cosas buenas a sus hijos, ¡cuánto más el Padre que está en el cielo dará el Espíritu Santo a quienes se lo pidan!*» (Lucas 11.13). ¡Tienes que pedir!

El Espíritu Santo nos da el poder de vivir como Dios quiere que lo hagamos. «*...los que viven conforme al Espíritu, se preocupan por las cosas del Espíritu*» (Romanos 8.5).

Encuentra un mentor.
Si ya tienes un amigo cristiano, pregunta si él o ella estaría dispuesto a encontrarse contigo regularmente durante un tiempo, para ayudarte a aprender cómo seguir a Jesús. Si no tienes un amigo así, pregunta si hay alguien en la iglesia que quisiera ayudarte de esta manera.

Habla con tu Padre celestial todos los días.
Encuentra un lugar tranquilo para orar y hazlo en «3D»:

1. *Da* gracias a Dios por todo lo que se te ocurra.

2. *Dile* que lamentas cualquier forma en que le hayas fallado y pídele que te perdone.
3. *Desea* su ayuda, pidiéndole que te ayude a ti y a cualquier otra persona que conozcas que esté en necesidad.

<u>Lee la Biblia.</u>
La Biblia es como alimento para tu espíritu. Te permitirá convertirte en un cristiano fuerte. Si no tienes una Biblia propia, puede descargarla como una aplicación, o puedes comprar una copia electrónica o física. Hay diferentes tipos de traducción al español. Busca «Biblias para nuevos creyentes» y así obtendrás orientación sobre la traducción que mejor se adapte a ti.

En el Anexo 1 hay una lista útil de lecturas de la Biblia adecuadas para los nuevos cristianos.

Idealmente, reserva un momento cada día en el que puedas leer un pasaje de la Biblia, pensarlo y tal vez incluso tomar algunas notas sobre lo que aprendes en un cuaderno o diario.

Mi esposa y yo lo leemos juntos todas las mañanas en la cama antes de levantarnos, y luego oramos por lo que hemos leído y por cualquier otra cosa que tengamos en mente.

Disfruta tu nueva vida como ciudadano del cielo. ¡Y, por favor, preséntate cuando nos encontremos en la resurrección!

~~~~~~~~~~~~~~~~~~~~~~~~~~~~~~~~~~~~

Si Dios te ha hablado a través de este libro, recomiéndalo a tus amigos para que él también pueda hablar con ellos. Las críticas alentadoras siempre son bienvenidas en Amazon u otros vendedores de libros, o en mi propio sitio web, www.booksforlife.today. Allá puedes registrarte para recibir actualizaciones sobre nuevos libros en proceso, como *La Fecha del Regreso de Cristo: Profecía Bíblica para la Generación Final*.

Dios, la Ciencia y la Biblia

Plan de Lectura de la Biblia de Cincuenta Días

Reproducido con permiso de la Iglesia Comunitaria Shoreline, Monterey, California.

A estas alturas, debiste haberte dado cuenta de que una referencia como «Lucas 4.14-44» se refiere al libro de Lucas, capítulo 4, versículos 14 al 44. Todas las Biblias tienen un índice de los diversos libros al inicio.

La Historia de la Fe Cristiana (Nuevo Testamento)

Día 1   Lucas capítulos 1 y 2: nacimiento de Jesús
Día 2   Juan 1.1-18: La identidad de Jesús
Día 3   Lucas 4.14-44: Jesús comienza su ministerio
Día 4   Mateo 5 y 6: El núcleo de las enseñanzas de Jesús
Día 5   Juan 3: El amor de Dios por el mundo
Día 6   Juan 5: Los milagros y la autoridad de Jesús
Día 7   Juan 11: El poder de Jesús sobre la muerte
Día 8   Juan 15: La vida cristiana definida
Día 9   Mateo 26 y 27: El arresto y la crucifixión de Jesús
Día 10 Juan 20 y Luke 24: La resurrección de Jesús y su ascensión
Día 11 Hechos 2: La venida del Espíritu Santo
Día 12 Hechos 9.16-19: La conversión de Saúl y su ministerio
Día 13 Hechos 26: La defensa de Pablo de la fe cristiana
Día 14 Romanos 3: Justificación solo por la fe
Día 15 Romanos 7 y 8: La batalla contra el pecado y la vida en el Espíritu
Día 16 1 Corintios 13, Efesios 5: El camino del amor

Día 17   1 Corintios 15: El poder de la resurrección
Día 18   Gálatas 5, Efesios 4: Libertad y unidad en Cristo
Día 19   Efesios 6: Toda la armadura de Dios
Día 20   Filipenses 1.18 a 2.18: El ejemplo de Cristo
Día 21   Colosenses 3.1-17: Poniéndose el nuevo yo
Día 22   Hebreos 4.14 a 5.10: Jesús el gran sumo sacerdote
Día 23   Santiago 1 y 1 Pedro 1: Religión pura
Día 24   1 Juan 4.7-21: Dios es amor
Día 25   Apocalipsis 21 y 22: El nuevo cielo y la nueva tierra

Encuesta del Antiguo Testamento

Día 26   Génesis 1.1 a 3.19: La creación y caída de la humanidad
Día 27   Génesis 12; 28.10-15; 32.22-28: Dios llama a un pueblo como suyo
Día 28   Génesis 37; 39 a 46: La historia de José
Día 29   Éxodo 1 al 6: El llamado de Moisés
Día 30   Éxodo 7 al 14: Moisés y Faraón
Día 31   Éxodo 19.1 a 20.2: Los Diez Mandamientos
Día 32   Deuteronomio 6.1 a 7.26; 11.13-21: La obediencia fluye del amor
Día 33   Jueces 1.1 a 2.19: Ciclos de desobediencia en el pueblo de Dios
Día 34   1 Samuel 7 a 9; 15 a 17: La caída de Saúl y el ascenso de David
Día 35   2 Samuel 5; 7 a 9; 11 y 12: Cuentos de la vida de David
Día 36   1 Reyes 2; 3; 6; 11: El reinado de Salomón
Día 37   1 Reyes 11.9 a 14.31: La división del reino
Día 38   1 Reyes 17 a 19; 2 Reyes 2 y 4: Los profetas Elías y Eliseo
Día 39   Job 1 y 2; 38 a 42: Cómo responden los justos a los tiempos difíciles
Día 40   Salmos 1; 23; 139: Salmos que enriquecen tu alma
Día 41   Salmos 6; 22; 38; 51: Salmos para los que sufren y pecan

Plan de Lectura de la Biblia de Cincuenta Días

Día 42 Proverbios 3; 5; 7; 16; 31: Sabiduría para la vida cotidiana
Día 43 Jeremías 11 y 12; 31.31-40: El pacto roto y el nuevo pacto
Día 44 Jeremías 23.1-6; Isaías 9.6,7; 53.1-12: Jesús el rey prometido
Día 45 Jonás 1 a 4: La historia de Jonás
Día 46 Daniel 1 a 3: Exilio en Babilonia
Día 47 Daniel 4 a 6: La vida de Daniel
Día 48 Nehemías 1 y 2; 4 y 5; 8 y 9: La reconstrucción de Jerusalén
Día 49 Ester 1 a 8: La historia de Ester
Día 50 Malaquías 1 a 4: Palabras finales del Antiguo Testamento.

Dios, la Ciencia y la Biblia

Otros libros de Arnold V Page

The Destiny of the Damned
Publicado en inglés por The Open Bible Trust, Reading, Inglaterra, 2018.

ISBN: 978-1-78364-447-6

«¿Cómo puede un Dios de amor atormentar deliberadamente a los incrédulos para siempre en el infierno, especialmente si nunca han oído hablar de Jesús?». Esa es una pregunta que muchos escritores cristianos no abordan. Sin embargo, en este libro, Arnold Page lo enfrenta de frente al mostrar, de las páginas de las Escrituras, que Dios no hace tal cosa, y que el tormento eterno no es el destino de los incrédulos. De hecho, algunos de ellos tendrán sus nombres escritos en el Libro de la Vida.

Twenty-first Century Nutrition and Family Health
Publicado en inglés por New Generation Publishing, Londres, 2015.

ISBN: 978-1-78507-177-5

ASIN: B00SRDI34M

Este importante libro explica qué es lo que está mal con las recomendaciones actuales para una alimentación saludable, y proporciona una guía clara sobre una dieta y un estilo de vida verdaderamente saludables. Está respaldado por referencias a más de quinientos artículos científicos revisados por pares y publicaciones similares. A la esposa del autor le retiraron los medicamentos durante trece años para la diabetes tipo 2 cuando la dieta recomendada corrigió su nivel de azúcar en la sangre. Habiendo adoptado tanto la dieta como el régimen de ejercicio recomendado, el autor a la edad de setenta años subió los dieciséis picos en Snowdonia a más de tres mil pies de altura en veinticuatro horas.

Disponible en Inglaterra de www.booksforlife.today.

Unearthly Passion
Una novela para Nuevos Adultos por Vincy Page.
Publicado en inglés por Books for Life Today, High Wycombe, Inglaterra, 2020.
ISBN: 978-1-91612-130-0
ASIN: B08BW872H7
EPUB: 978-1-91612-131-7
AUDIO CD: 978-1-66478-294-5 Blackstone Publishing

Natalie Parsons, quien no era deseada ni amada, anhela escapar de las restricciones morales de su familia de acogida y embarcarse en una vida de embriaguez y promiscuidad en la Universidad de Edimburgo. Su curso de geofísica de primer año la encuentra rebelde contra la idea de que el universo, como ella, se originó como un accidente sin sentido. Desechando su brújula moral, se hunde cada vez más en la bebida, la deuda y la depravación sexual, hasta que la ruptura de una relación con un profesor la lleva a una depresión que amenaza su vida. El rescate llega a través de un amigo que dice conocer a Dios, produciendo un dilema que solo un milagro puede resolver. ¿Encontrará Natalie la única cosa que puede darle sentido a su vida; el amor verdadero?

Las camisetas descaradas y los tatuajes extravagantes animan una montaña rusa humorística y emocional de una historia que explora el origen del universo, la verdad acerca de Dios y una razón para vivir.

Un regalo ideal para estudiantes de duodécimo grado y estudiantes universitarios: «*Unearthly Passion* está inspirando a través de sus poderosas lecciones».

Edith Wairimu, ReadersFavorite.com.

Esperando publicación

La Fecha del Regreso de Cristo: Profecía Bíblica para la Generación Final

Será publicado en español por Books for Life Today, High Wycombe, Inglaterra, en 2021 o 2022.

¿Qué le depara el futuro a la Generación Z, la cosecha actual de niños y jóvenes? ¡Nada menos que el evento más emocionante de la historia! En este libro controvertido y poderosamente discutido, el investigador científico y maestro de la Biblia, Arnold V Page, sostiene que Z, la letra final del alfabeto, también será la generación final que crecerá hasta la edad adulta antes de que Jesucristo regrese para establecer la justicia, la paz y la rectitud en toda la tierra.

www.ingramcontent.com/pod-product-compliance
Lightning Source LLC
Chambersburg PA
CBHW071625080526
44588CB00010B/1274